105,2

Pausenideen in München

**Für die perfekte Auszeit
zwischen 5 und 55 Minuten**

Claudia Hellmann
Nina Kozel
Stephan Fuchs
Franz Marc Frei

Inhalt

Eine große grüne Spielwiese: der Olympiapark mit Olympiasee

»Das ist die perfekte Welle, das ist der perfekte Tag« für die Eisbachsurfer.

Stahlkugel »Sphere« von Ólafur Elíasson im Viscardihof, dahinter das »Comercial«

Bei den Boulespielern im Hofgarten fühlt man sich wie in Südfrankreich.

Eine Biergartenbrotzeit wie aus dem Bilderbuch – so sieht Auszeit in München aus.

Vorwort

Liebe Münchnerinnen und Münchner, liebe Besucher,

unsere Heimatstadt ist in aller Welt bekannt. Nicht nur die Gastfreundschaft und Brautradition, mit dem Besuchermagneten Oktoberfest als jährlichem Highlight, sondern auch die Vielzahl beeindruckender Sehenswürdigkeiten und außergewöhnlicher Orte machen München zu einer der attraktivsten Städte Europas.

Wir erleben und fühlen diese Besonderheit tagtäglich und genießen das einzigartige Flair der Stadt.

So entstand die Idee, eine Auswahl besonderer Plätze in einem Buch für alle München-Fans zusammenzustellen. Dabei wollten wir keinen weiteren typischen München-Stadtführer schreiben, sondern Ihnen mit einem neuen Ansatz einen anderen Blick auf unsere Metropole und das Erleben der Stadt ermöglichen.

Wir laden Sie ein, München von einer unbekannten Seite kennenzulernen und dabei viele Orte und Plätze zu entdecken, die Sie zu einer kleinen Pause – gerne auch in Ihrem Alltag – anregen. Tauchen Sie ein in die Vielfalt der Weltstadt mit Herz, genießen Sie die kulinarischen Hotspots oder einfach Orte zum Verweilen und Entspannen. Egal ob in Ihrer Mittagspause, bei einem kleinen Bummel nach Feierabend, beim Einkaufen am Wochenende – oder wenn Sie München bei Ihrem Besuch erleben wollen. Hier finden Sie unsere liebsten Plätze, die Ihnen das Team von Radio Arabella mit viel Begeisterung zusammengestellt hat. Zusätzlich haben unsere Moderatoren ihre ausgewählten Lieblingstipps für Sie hervorgehoben.

Wir wünschen Ihnen viel Spaß beim Erkunden der Stadt.

Herzliche Grüße
Ihr Thomas Pientka
Radio Arabella

01 Viktualienmarkt: Eine Reise ins Schlaraffenland

»Meng's amoi probiern?« Seit mehr als 200 Jahren kauft München hier ein. Und weil auf dem Viktualienmarkt nicht nur mehr als 140 Marktstände, sondern seit 1970 auch ein Biergarten zu finden sind, gibt es keinen besseren Platz für eine Auszeit im Herzen der Stadt.

Auf Münchens berühmtestem Markt gibt es alles, was das Herz, oder besser gesagt der Bauch, begehrt: Obst und Gemüse, Fleisch und Fisch, Kräuter und Gewürze, Brot, Honig, Antipasti und noch vieles, vieles mehr. Allein zwischen den Standln herumzuschlendern und die Auslagen zu bewundern, ist ein Fest für Augen und Nase. Der Ton der Standler ist rau, aber herzlich, die Preise sind hoch, aber dafür bekommt man Tipps zur Zubereitung gratis dazu. Hier heißen die Pfifferlinge noch Reherl und der Rettich Radi. Natürlich gibt es auch allerlei aus fernen Ländern zu bestaunen. Dazu am besten mal bei Exoten Müller vorbeischauen und sich wundern, was die Natur so für haarige, stachlige, gepanzerte oder leuchtend bunte Früchte hervorbringt. Es geht aber auch ganz bodenständig und lokal. Wie wär's mit einer reschen Breze und einer Tasse Filterkaffee von Karnolls Backstandl oder einer dicken Gewürzgurke vom Freisinger gleich auf die Hand? Es gibt sie als scharfe Essiggurken, Senf- und Salzgurken oder süß-sauer, alle selbst eingelegt und herrlich knackig.

Wem der Magen knurrt, der hat auf dem Markt die Qual der Wahl. Ein Klassiker sind die dick mit Matjes oder Hering belegten Jumbo-Fischsemmeln von Fisch Witte, die man auch als »Fischsemmelbausatz« in Einzelteilen verpackt bekommt, damit das gute Stück unterwegs nicht durchweicht. Im Bistro kann man stilvoll Austern und ein Glas Champagner schlürfen – wenn man denn ein Platzerl ergattert. Am Ende landen dann aber eh fast alle unter den schattigen Kastanien des Biergartens, wo sich, wie sich das für einen Münchner Biergarten ziemt, immer ein Platz findet. Auch hier wird Vielfalt großgeschrieben, denn im sechswöchentlichen Wechsel schenken die sechs großen Münchner Brauereien die Maßen aus.

Viktualienmarkt · Mo–Fr 8–20 Uhr, Sa 8 bis ca. 14 Uhr, Biergarten auch So · Viktualienmarkt 1 · 80331 München · www.viktualienmarkt muenchen.de · U-/S-Bahn Marienplatz

Die Auswahl an exotischen Früchten auf dem Viktualienmarkt ist legendär ...
... und die entspannte Biergartenatmosphäre an sonnigen Tagen ebenfalls.

Superlative für die Freunde italienischer Lebensart – nicht nur in kulinarischer Hinsicht

Eataly:
Italien unter Dach und Fach

Ist das eine Überdosis Italien? Oder nur ein gerüttelt Maß New York mitten in München? Egal – der Premium-Supermarkt nach amerikanischem Vorbild verkauft alles, was Italien lecker, wohlduftend, stylish oder überhaupt zum beliebten Reiseziel macht und bietet viele Nischen, um das gebührend auszukosten.

Die Schrannenhalle war einst mit 430 Metern Länge die größte freitragende Halle der Welt – das war 1853, als sie von Ferdinand Muffat erbaut wurde, um dem Getreidehandel in München ein Dach zu geben. In den 1920er-Jahren wurde sie Stück für Stück demontiert und geriet in Vergessenheit – bis 1980 ein Rest von ihr auf einem Lagerhof entdeckt wurde und der Stadtrat den Wiederaufbau beschloss. 2011 hatte München seine Schranne zurück, aber der kommerzielle Erfolg blieb aus. Ende 2015 startete die italienische Feinkostkette Eataly einen neuen Versuch mit der Schrannenhalle.

Eataly ist seit 2007 weltweit aktiv mit dem Event-Verkauf von italienischen Kostbarkeiten. Grandiosen Erfolg hatte 2010 die Eröffnung in New York: Noch Wochen später blockierte die Warteschlange die Fifth Avenue. Ganz so schlimm ist es in München nicht. Der Laden ist voll, aber es bleibt noch Platz, sich zu bewegen – am besten umrundet man im Uhrzeigersinn den gigantischen Warenbestand, bis man das gefunden hat, was einen am besten aus dem Alltag entführt. Vielleicht die Abteilung mit wohlduftender Kosmetik? Oder doch die Kaffeebar? Der Rennradshop von Bianchi? Die Kostproben von Salsiccia oder frischer Pasta? Der Buchladen? Küchengeräte? Oder doch lieber das Weinregal? Überall warten Stühle und Sessel darauf, dass sich der gestresste Kunde auch einmal ausruhen will.

Natürlich wird auch gastronomisch alles geboten, was Italien eben zu bieten hat. Am Pizzastand informiert eine riesige Uhr, wie lange der Teig schon gegangen ist. Frische Pasta trocknet auf dem Tresen, und für den kleinen Hunger gibt es am Salatstand auch einen Teller Suppe – sofern man nicht lieber gleich zur Eistheke wechselt. Für das Restaurant in der oberen Etage sollte man mehr Geld und Zeit mitbringen.

Eataly München · ab 7.30 (Cafés) bis 23 Uhr (Restaurant) · Viktualienmarkt 15 · 80331 München · Tel. 089/248 81 77 11 · www.eataly.net · U-/S-Bahn Marienplatz

03

»Café Frischhut«: Aus'zogne – saulecker!

»Wir bieten wenige Sachen an, aber die wollen wir besser machen als die anderen« – getreu diesem Leitsatz gibt es in dem winzigen Café am Rande des Viktualienmarkts die besten Schmalznudeln der Stadt.

Wie es hier duftet! Was heute gern ganz hip als »Open Kitchen« bezeichnet wird, gibt es hier schon seit Jahrzehnten: Direkt am Eingang kann man den Meistern des Schmalzgebäcks bei der Arbeit zusehen. Ob man jetzt Schmalznudel, Aus'zogne (Ausgezogene – weil man den Teig lang zieht), Kniekiachla oder sonst wie sagt, darüber lässt sich natürlich streiten, nicht jedoch darüber, was sie so einmalig gut macht: Hier wird am laufenden Band ausgebacken, und das Fett wird täglich gewechselt. So frisch und immer noch warm bekommt man die bayerische Köstlichkeit heute fast nirgends mehr!

Unter »Café Frischhut« kennt diesen München-Klassiker allerdings kaum einer, denn fast jeder nennt das kleine Ladencafé ganz einfach nur »Schmalznudel«. Und diese lassen sich die Münchner schon lange schmecken. Früher war das »Frischhut« neben seiner Spezialität hauptsächlich durch seine Öffnungszeiten bekannt. Denn es war einer der rar gesäten Örtlichkeiten, wo der Münchner auch um fünf Uhr morgens schon – oder noch – etwas zu essen auftreiben konnte. Und so frühstückten hier neben den fleißigen Marktleuten vom Viktualienmarkt, die sich nach dem Standaufbau stärkten, gern die Nachtschwärmer, wenn um vier die Diskotheken dicht machten. Sie holten sich das goldbraune Hefegebäck allerdings eher als Betthupferl, denn nichts macht nach einer durchzechten Nacht einen besseren Magen! Seit ein paar Jahren haben sich die Frischhuts, so heißen auch die Besitzer, allerdings dazu entschieden, erst um acht Uhr zu öffnen. Den Schmalznudeln sowie dem bunt gemischten Publikum tut dies allerdings nicht den geringsten Abbruch.

Am besten holt man sich eine oder lieber gleich zwei Schmalznudeln, setzt sich an den Valentin-Brunnen am Viktualienmarkt und schaut dem bunten Markttreiben zu.

Café Frischhut · Mo–Sa 8–18 Uhr · Prälat Zistl Str. 8 · 80331 München · Tel. 089/260 23 56 · U-/S-Bahn Marienplatz

Frisch ans Werk und einmal kräftig gezogen – und dann ab ins Fett!
Und so lecker ist das Endprodukt.

Schmalznudel
Cafe Frischhut

04

Alter Peter: Aufstieg zu neuen Perspektiven

Alter Peter, ist das hoch! Wer schwindelfrei, trittsicher und gut bei Puste ist, sollte es sich nicht entgehen lassen, den Kirchturm von St. Peter zu besteigen. Denn nach etwa 300 Stufen wird man auf knapp 90 Metern Höhe mit einem der schönsten Ausblicke über die Stadt belohnt!

Auf dem Petersbergl, der einzig nennenswerten Erhebung innerhalb der Altstadt, steht Münchens älteste Kirche, Sankt Peter. Erste Dokumentationen stammen von 1181, allerdings hat die Kirche in den vergangenen 800 Jahren zahlreiche Umgestaltungen miterlebt. So wurde sie im romanischen Stil erbaut und nur 100 Jahre später durch einen prunkvolleren, gotischen Bau ersetzt. Im 17. und 18. Jahrhundert gestaltete man dann die Türme und den Altar nach barocken Vorstellungen um. Zwei Streubomben zerstörten die Kirche im Zweiten Weltkrieg komplett. Der BR, der als Erkennungsmelodie das alte Volkslied »Solang der Alte Peter …« gewählt hatte, setzte zu Ehren der Kirche den letzten Ton aus – bis sie im Jahr 1951 rekonstruiert wiedereröffnete.

Nun aber zum Highlight, das es zu besteigen gilt: dem Alten Peter! Denn so wird der Turm der Kirche liebevoll von den Münchnern genannt. Stufe für Stufe geht es einen engen, bisweilen sehr engen Gang empor. Dabei passiert man die Glockenstube, wo noch Originalglocken aus dem 14. und 18. Jahrhundert hängen. Hat man es schließlich auf die Aussichtsplattform geschafft, darf man sich über ein 360-Grad-Panorama freuen, das den Blick auf die vielen Wahrzeichen der Stadt wie Frauenkirche, Olympiastadion, den Vierzylinder von BMW, und bei Föhn sogar auf die Alpen freigibt! Besonderen Spaß macht es, auch kleinere oder weniger bekannte Merkmale zu entdecken, vielleicht sogar das Dach vom eigenen Wohnhaus!

Wer sich nicht nur für die Aussicht interessiert, kann im Inneren der Kirche allerhand Güldenes bestaunen. So beispielsweise das mit Gold verzierte Skelett von Munditia, einer römischen Heiligen, das in einem gläsernen Sarg ausgestellt wird. Oder aber den goldenen Petrus, der als einziges gotisches Element in den barocken Hochaltar aufgenommen wurde.

Pfarrkirche St. Peter · Mo–Sa 9–18.30, So u. Feiertage 10–18.30 Uhr (Winter bis 17.30) · Rindermarkt 1 · 80331 München · U-/S-Bahn Marienplatz · Tel. 089/210 23 77 60 · www.erzbistum-muenchen.de

Nach 300 steilen Stufen wartet zur Belohnung der Weitblick über die Stadt –
auf Wahrzeichen wie Frauenkirche, Neues Rathaus und Viktualienmarkt.

Das Rathaus ist weltberühmt. Drinnen lockt so manche Überraschung, die auch viele Münchner nicht kennen, wie die wunderschöne juristische Bibliothek.

Rathaus:
Neugotische Nischentour

Millionen Touristen lieben das Münchner Rathaus und drängen sich auf dem Marienplatz, wenn zur elften Stunde das Glockenspiel zu sehen ist. Als Münchner braucht man das nicht so schön zu finden – aber gelegentlich muss man einfach hingehen und staunen – in Münchens zentralstem Erlebnislabyrinth.

Die meisten Touristen kann man in Erstaunen versetzen mit dem Hinweis, dass das Neue Rathaus wirklich nicht sehr alt ist – jedenfalls viel jünger als das Alte Rathaus nur ein paar Schritte weiter. Der gewaltige neugotische Bau wurde von Georg von Hauberrisser zwischen 1867 und 1909 errichtet. Der Historismus wirkt etwas historischer als vergleichbare Bauten des 19. Jahrhunderts, weil in drei Phasen gebaut wurde und die Teile nicht so ganz zusammenpassen. Vielleicht denkt sich so mancher, dass hinter so viel Fassade nicht mehr viel Spannendes zu finden sein wird –, aber das täuscht. Das Rathaus eignet sich ganz hervorragend für ein wunderbares Spiel mit Auszeiten, ist dabei für jeden zugänglich und hält ganz verschiedene Rückzugsorte bereit.

Das geht – klassisch – mit dem »Ratskeller« los, der fast das gesamte Untergeschoss einnimmt. Lecker ist auch ein schnelles Essen in der Kantine, in der nicht nur die Rathaus-Angestellten versorgt werden und die man über den Prunkhof erreicht. Im Winter ist dort im Hof die Münchner Stadtkrippe aufgebaut, im Sommer stehen Tische für die Kantinengäste bereit.

Durch ein Tor geht es in die ehemalige Kassenhalle, die seit 1979 die Rathausgalerie beherbergt. Unter der Glaskuppel werden zwischen März und November Ausstellungen gezeigt. Ein besonderes Highlight in diesem Teil des Gebäudes ist die juristische Bibliothek im zweiten Stock, die seit 1909 nahezu unverändert geblieben ist. Über drei Stockwerke ziehen sich Galerien voller Bücher hin, die der Nutzer über Wendeltreppen erreicht. Noch stiller ist es im Gedenkraum für die Toten der Weltkriege und NS-Zeit im ersten Stock. Oder wie wäre es mit einem Blick von ganz oben? Zur Aussichtsplattform über dem Glockenspiel fährt sogar ein Aufzug.

Neues Rathaus · 8–18 Uhr · Marienplatz 8 · 80333 München · Tel. 089/233 00 ·
www.muenchen.de/rathaus · U-/S-Bahn Marienplatz

Grüne Wiese zwischen Dallmayr und Rathaus: Entspannung am Marienhof

Marienhof: Müßiggang
im Schatten des Rathauses

Mitten in der Stadt lädt der Marienhof zum entspannten Picknicken, Sitzen in der Sonne oder zu sonntäglichen Spielabenden ein. Und mittwochmorgens kann man hier sogar vor der Arbeit auf etwas fernöstliche Entspannung beim Qigong vorbeikommen.

Lange Zeit war der Platz hinterm Rathaus eine lärmige Großbaustelle. Bagger und Baugruben beherrschten das Bild auf dem Marienhof. Erst wurde hier schon mal für die zweite Stammstrecke der S-Bahn gebuddelt, dann rückten plötzlich Archäologen zu Grabungen an. Mittlerweile sind die Bagger abgezogen, die große Rasenfläche ist wieder begrünt, und überall laden Bänke und Stuhlgruppen ein. Einst standen hier mittelalterliche Wohn- und Geschäftshäuser – kein Grün in Sicht. Im Krieg wurden sie allerdings stark zerstört, und über die so entstandene Freifläche schieden sich lange Zeit die Geister.

Da man sich nicht entscheiden konnte, was an so prominenter Stelle entstehen sollte, entschied die Natur, und so wuchs erst einmal eine Rasenfläche. Die blieb so lange, dass man sich bald kaum mehr an eine dichte Altstadt an dieser Stelle erinnern konnte. Beim Wettbewerb für die Neugestaltung 2006 wurde schließlich beschlossen, den Charakter einer städtischen Grünfläche inmitten der Stadt beizubehalten. Welch ein Glück! Denn so kommen die Münchner und die vielen Besucher mitten im Herzen Münchens in den Genuss einer Wiese mit Freizeitwert, bei der auch noch allerhand geboten wird. Kostenloses Internet? Sowieso! Zwischen Mai und Oktober dürfen zur Abwechslung auch mal die Großen spielen. Sonntags ab 17 Uhr kann man hier auf Stelzen laufen oder jonglieren. Und mittwochs ab 8 Uhr bietet sich dem Passanten ein ganz besonderes Schauspiel: Wie in Zeitlupe bewegen da Menschen im Fitness- oder Bürodress in gleichmäßigen, fließenden Bewegungen ihre Körper. Im Rahmen des »Fit im Park«-Programms der Stadt wird hier eine kostenlose halbe Stunde Qigong angeboten, die viele Münchner einfach vor der Arbeit wahrnehmen und so frisch in den Tag starten.

Marienhof · Qigong auf dem Marienhof: 1.5.–30.9., Mi 8–9 Uhr · U-/S-Bahn Marienplatz

07
Salvatorkirche:
Eine (un-)orthodoxe Auszeit

Seit über 500 Jahren steht eine kleine Kirche auf dem Salvatorplatz, die selbst von vielen Einheimischen gern mal übersehen wird. Wie schade, denn hier kann man unweit der wuseligen Fußgängerzone ein paar andächtige Minuten verbringen und orthodoxe Ikonen entdecken, die mit der landläufigen westeuropäischen Kirchenkunst wenig gemein haben.

Doch woher kommen sie? Die Salvatorkirche war einst katholisch, wurde 1828 aber von Ludwig I. den 30 in München lebenden orthodoxen Griechen überlassen. Die Apostelfiguren wurden durch Ikonen ersetzt, und es entstand Deutschlands erste orthodoxe Kirche. Im Zweiten Weltkrieg unzerstört, versprüht sie eine ganz besondere Spiritualität.

Salvatorkirche · tägl. 11–16 Uhr (bis zum Gitterportal) · Salvatorplatz · 80333 München · Tel. 089/22 80 76 76 · U-Bahn Odeonsplatz · www.salvatorkirche-münchen.de

08
Sankt Michael, Fürstengruft:
Durchatmen beim »Kini«

Bis zu 100 000 Menschen strömen stündlich durch die Neuhauser Straße, samstags noch mehr. Da hat mancher einen Ort der Ruhe bitter nötig. Und der findet sich in der Jesuitenkirche Sankt Michael, wenn mittags hier eine Viertelstunde »Atempause« bei Orgelmusik geboten wird. Ganz ruhig wird es angesichts zahlreicher Touristen zwar noch nicht, aber mehr Stille – und im Sommer ein wenig Abkühlung – gibt es rechts neben dem Hochaltar in der Fürstengruft. Wer dort hinabsteigt, wird von einem leicht muffigen Hauch der Geschichte begrüßt, denn hier sind 36 Wittelsbacher bestattet. Leicht auszumachen ist Ludwig II., der im größten Sarg liegt, stets von Königstreuen mit Blumen geschmückt.

Fürstengruft St. Michael · Mo–Do 9.30–16.30, Fr 10–16.30, Sa 9.30–14.30 Uhr · Mittagsmeditation Mo–Fr 12.30–12.45 Uhr · Neuhauser Str. 6 · 80331 München · U-/S-Bahn Marienplatz, Karlsplatz

Ein kleines Tor gen Osten – der Blick auf den orthodoxen Altar im alten Gemäuer
Der prunkvolle Hochaltar weist den Weg hinab in die Wittelsbacher Fürstengruft.

»Andechser am Dom«: Klostertrunk an der Frauenkirche

Ganz München ist fest im Griff seiner sechs Traditionsbrauereien. Ganz München? Nein: Woran selbst Wittelsbacher Prinzen beharrlich scheitern, gelang der kultigen Klosterbrauerei im Schatten der Frauenkirche: Der gar nicht so geheime Treff für das schnelle Bier zwischendurch heißt »Andechser am Dom«.

Andechs ist natürlich nicht irgendeine Klosterbrauerei, sondern hat in München und Umgebung Kultstatus, sowieso. Daraus machte ein findiger Abt in den 1990er-Jahren ein lukratives Geschäftsmodell: Die Marke Andechs floriert beileibe nicht nur bei ihrem ältesten Produkt, dem Bier.

Andechs brauchte einen gewieften Partner, um gegen die Übermacht von Augustiner-Kneipen, Hofbräuhäusern und Löwenbräukellern anstehen zu können. Dieser Partner war Sepp Krätz, Wiesnwirt und Besitzer der legendären »Waldwirtschaft« in Großhesselohe. Der richtete mit dem »Andechser am Dom« eine kleine Goldgrube ein. An einer schmalen Stichstraße zwischen Marienhof und Dom gelegen, gäbe es da eigentlich einiges an traditioneller Konkurrenz: das »Nürnberger Bratwurstglöckl« kam schon 1893 hierher, und um die Ecke lauert der »Donisl«. Aber das kommt nur noch infrage, wenn der »Andechser« restlos überfüllt ist. Das geht freilich schnell – denn der eigentliche Gastraum ist winzig. Davor liegen aber die Arkaden, und die sind die eigentliche Goldader: An dicht gedrängten Stehtischen, im Winter erwärmt von rot glühenden Heizstrahlern, drängen sich zu jeder Zeit Trauben von Menschen. Da geht nur eins: rein ins Gewühl! Man oder frau ist ja nur für eine kurze Auszeit hier, da kann man nicht zögern und zaudern.

Das Geschäft lief so gut und so schnell, dass der Wirt gar nicht mehr damit nachkommen konnte, die ausgeschenkten Gläser zu zählen oder aufzuschreiben. Die berühmten Andechser Holzfässer wanderten an der Buchhaltung vorbei direkt unter die Arkaden und waren dann auch sofort wieder leer – insgesamt 125 000 Euro Steuern wurden dabei hinterzogen, und Krätz verlor seine Konzession. Was der Beliebtheit des »Andechser am Dom« aber keinen Abbruch tut. Also: Nix wie hin!

»Andechser am Dom« · Mo, Di, Mi, So 10–24, Do, Fr, Sa 10–1 Uhr · Weinstr. 7 · 80333 München · Tel. 089/24 29 29 20 · www.andechser-am-dom.de · U-/S-Bahn Marienplatz

Draußen wie drinnen schmeckt das Andechser Bier im Schatten der Frauenkirche.

Beim ehemaligen Hoflieferanten Eilles wird Genuss großgeschrieben.
Neben Tee und Kaffee – oben einer der bemalten Porzellanbehälter für die Bohnen – gibt es allerlei süße Leckereien.

10

Eilles:
Ein Bad im Schokobrunnen

Im Traditionsgeschäft gegenüber der Residenz kann man nicht nur wunderbar Leckereien einkaufen. Im neu eröffneten Laden lockt ganz hinten auch eine schöne Kaffeebar, wo man im Stehen gleich eine Tasse feinen Tee, Kaffee oder heiße Schokolade trinken kann. Dazu vielleicht noch ein Pralinchen?

Während die Touristen zu Feinkost-Platzhirsch Dallmayr strömen, gehen viele Münchner lieber zu Eilles – besonders seit dieser vor einiger Zeit in der Residenzstraße ein paar Häuser weiter gezogen ist und seine einst sehr beengten Räumlichkeiten dadurch fast verdreifacht hat. Klein und fein ist Eilles aber weiterhin geblieben. Die ältere Stammkundschaft mag zwar dem alten Ambiente mit dunklem Holz und Delfter Kacheln nachtrauern, aber viele freuen sich über die schicke moderne Atmosphäre mit Loftcharakter, wo all das Deliziöse theatralisch angestrahlt wird und dank schwarzer Böden und Decken zum Anbeißen leuchtet.

Die Türen sind stets einladend geöffnet, und der feine Teeduft lässt so manch Vorbeieilenden stehen bleiben und hereinschnuppern. Rechts ist die Wand bis unter die Decke mit großen grünen Teedosen gefüllt – mehr als hundert Sorten gibt es –, links quillt die Theke über von feinen Pralinen, und dahinter warten die bemalten Porzellanurnen mit Kaffeebohnen. Die Komposition edler Kaffees hat hier Tradition, schon 1873 gründete Joseph Eilles in München eine kleine Kaffeerösterei und machte sich bald als Königlich Bayerischer Hoflieferant einen Namen. Dass Kaffee und Tee fürstlichen Genuss bieten, davon kann man sich selbst an der Bar überzeugen. Dabei werden die Getränke aus eigener Herstellung zu erstaunlich günstigen Preisen angeboten – wo sonst bekommt man auf diesem Pflaster einen Cappuccino für zwei Euro? Dazu feine Macarons, Pralinen oder frisch gebackene Kekse. Und ein Highlight ist natürlich der Schokoladenbrunnen: Ohne Unterlass läuft daraus flüssige Vollmilch- oder Zartbitterschokolade, aus der auch der exquisite Kakao zubereitet wird. Alles gibt es natürlich auch ganz zeitgemäß »to go«.

Eilles · Mo–Fr 10–19.30, Sa 9–18.30 Uhr · Residenzstr. 22 · 80333 München · Tel. 089/22 61 84 · www.eilles.de · U-Bahn Odeonsplatz

11

»Hirmer Tagesbar«: Kleiner Snack nebst feinem Zwirn

Der stilsichere und qualitätsbewusste Münchner Mann kauft bei Hirmer. Und er kann sich vom notwendigen Übel des Einkaufens an einem stylischen Ort mit selber Adresse erholen: an der »Hirmer Tagesbar«. Denn auch hier, im dritten Stock mit Blick auf die Frauenkirche, legt man selbstverständlich Wert auf große Namen und beste Qualität. So sitzt man auf Tom Dixon, trinkt Espresso aus einer italienischen Faema-Maschine und nascht vom Parmaschinken, der mit einer Berkel hauchfein geschnitten wird. Die Weinkarte wurde zusammen mit dem Münchner Gastronomen Geisel erstellt. Und wer hat gesagt, dass man nicht auch auf einen gelungenen Einkauf anstoßen darf?

»Hirmer Tagesbar« · Mo–Fr 9.30–20, Sa 9–20 Uhr · Kaufingerstr. 28 · 80331 München · Tel. 089/23 68 30 · www.hirmer.de · U-/S-Bahn Marienplatz

12

Geobuchhandlung: Die Welt in Händen halten

Egal, ob es ein Ausflug ins Tegernseer Tal oder eine Expedition in den Himalaja werden soll, in dieser Spezialbuchhandlung gleich neben dem Viktualienmarkt findet jeder den Lese- und Informationsstoff, den er für seinen nächsten Trip braucht. Und wer noch gar nicht weiß, wo es hingehen soll, lässt sich eben von der ausgezeichneten Auswahl an internationalen Reiseführern, Kochbüchern, Atlanten, Globen und Reiseromanen inspirieren. Und auch sie gibt es hier noch: Landkarten! Was in Zeiten von Google Maps und Navis vielleicht antiquiert erscheint, macht nicht nur Technikverweigerern Spaß: sich mit dem Finger auf der Karte an einen anderen Ort denken und die Traumroute nachfahren.

Geobuch · Mo–Sa 10–19 Uhr · Rosental 6 · 80331 München · Tel. 089/26 50 30 · www.geobuch.de · U-/S-Bahn Marienplatz

In der schicken »Hirmer Tagesbar« lässt sich gut eine Shoppingpause einlegen.
So fern und doch so nah! Bei Geobuch gibt es eine feine Auswahl an Globen.

»Hofbräuhaus«:
Mach's wie der Aloisius

In der Welt bekannt und in der Stadt gefürchtet – kaum ein Münchner geht ganz freiwillig ins »Hofbräuhaus«, wo sich die Touristen in Scharen in die Schwemme quetschen und ein Erinnerungsselfie mit Maßkrug für die Freunde zu Hause posten. Aber: Ein großes Haus lässt auch Platz für lauschige Nischen.

Ein historischer Ort ist das ja schon: 1607 wurde die fürstliche Braustätte der Wittelsbacher vom Alten Hof ans Platzl verlegt, das bis dahin Graggenau hieß. Sechs Wohnhäuser mussten dafür weichen. 1828 erlaubte Ludwig I. die Bewirtung direkt vor Ort und ließ 1844, nach der Münchner Bierrevolution, gar den Bierpreis auf 5 Kreuzer senken, um »der arbeitenden Klasse einen gesunden und wohlfeilen Trunk zu bieten«. Seine heutige Gestalt nahm das Hofbräuhaus 1897 an, nachdem die Braustätte an den Wiener Platz verlegt worden war: Prinzregent Luitpold wollte sein Volk offenbar noch mehr feiern sehen als sein Vater Ludwig I. – gute alte Zeit!

Die Dimensionen waren damals und sind heute in der Tat gewaltig. In die Schwemme passen 1300 Bierfreunde – oft scheinen es noch deutlich mehr zu sein. Im Bräustüberl im Obergeschoss finden 1000 Gäste Platz, im Festsaal 700 und im Biergarten im schattigen Innenhof noch einmal 400. Unglaublich: Fast zwei Millionen Besucher kommen pro Jahr ins Hofbräuhaus. Gibt es da denn wirklich Platz und Ruhe zum Abschalten? Aber ja – zwischen Lärmkulisse und den vielen Ecken und Winkeln findet man immer einen Ort für eine kleine Pause.

Vielleicht hatten sie ja recht, die bayerischen Regenten: Nirgends entspannt es sich so gut wie umzingelt von gut gelaunten Leuten aus aller Herren Länder – und aus allen Schichten. Denn wie schrieb Nadeschda Krupskaja, Ehefrau von Lenin, schon 1913: »Besonders gerne erinnern wir uns an das Hofbräuhaus, wo das gute Bier alle Klassenunterschiede verwischt.« Vielleicht liegt um die nächste Ecke ja auch das Eckerl, in dem der legendäre Engel Aloisius sitzt und eine Maß nach der anderen trinkt, anstatt der bayerischen Staatsregierung die göttliche Eingebung zukommen zu lassen.

Hofbräuhaus am Platzl · Mo–So 9–23.30 Uhr · Platzl 9 · 80331 München · Tel. 089/290 13 61 00) · www.hofbraeuhaus.de · U-/S-Bahn Marienplatz

In München steht ein Hofbräuhaus – und dahinter ein klassischer Kastanien-Biergarten.

Einst einfache Bäckerei, jetzt ein Stück Italien und Treffpunkt für Kenner und Genießer

»Bar Centrale«: Dolcefarniente hinterm Hofbräuhaus

München ist natürlich die schönste der oberitalienischen Städte. Aber manchmal reicht Bussi-Bussi-Ciao-Ciao nicht, sondern eine authentische Portion Italien muss her. Wer für eine halbe Stunde Dolcefarniente nicht über den Brenner fahren will, wird hinterm Hofbräuhaus bestens bedient.

Es ist ja nicht so, dass es München an italienischer Gastronomie mangeln würde – und die durchschnittliche Qualität von Cappuccino und Co. ist, so nah an Italien, generell höher als anderswo in Deutschland. Aber so unaufgeregt wie jenseits der Alpen, das ist dann doch noch eine höhere Kunst.

Das dachten sich auch Albert Weinzierl und Rudi Kull – Architekt der eine, Gastronom der andere –, die 1996 mit dem »buffet Kull bar« schon ein etwas anderes Restaurant in München aufgemacht hatten. Gleich um die Ecke gab gerade die Konditorei Schmid ihr Geschäft auf, und so standen Räume zur Verfügung für das nächste Experiment. Mit Liebe und scharfem Blick auch für das letzte Detail wurde daraus die »Bar Centrale«, die so auch in Mailand, Rom oder Bologna zu finden sein könnte. An der verwitterten Fassade leuchtet tiefrot das Logo einer Triester Kafferösterei, und neben dem Eingang signalisiert das weiße T auf blauem Grund des echten »Sali e Tabacchi«-Schildes: Hier geht es hinein, Expresso nach Italien!

An den wenigen Tischchen in dem kleinen Gastraum ist tagsüber meistens noch was frei. Außerdem gibt es da noch den hinteren Raum, die ehemalige Backstube, die gekonnt in einen Loungebereich umfunktioniert wurde; tagsüber immer gut für eine kurze oder auch längere Pause, wenn man das »Centrale« als Restaurant nutzen möchte. Erst abends wird es hier brechend voll. Authentisch haben Weinzierl und Kull nicht nur das Interieur gestaltet, auch das Personal kommt selbstverständlich aus Italien. Darum kann man nichts falsch machen, wenn man sich dem italienischen Moment hingibt: Ran an die Holz-Edelstahl-Theke – authentisch *al banco* – und gleich mal seinen *caffè* bestellen. Dann ein Blick auf die Vitrine mit den Süßwaren: *E una pasta, per favore!*

»Bar Centrale« · Ledererstr. 23 · 80331 München · Mo–Sa 7.30–1, So 9–0 Uhr · Tel. 089/22 37 62 · www.bar-centrale.com · U-/S-Bahn Marienplatz, Isartor

Lobby im »Vier Jahreszeiten«: Tee bei der High Society

Eigentlich verkehren im »Hotel Vier Jahreszeiten« die wohlhabenden Touristen aus aller Welt. Aber auch der Münchner kann mal High-Society-Luft schnuppern und von einem Sessel in der schönen Lobby aus das Treiben von Schickeria und Scheichs beobachten. Am besten kommt man zur Teatime.

Wer sich in die Samtsessel unter der riesigen Glaskuppel im Tiffanystil sinken lässt und etwas zu trinken bestellt, gehört zumindest für ein knappes Stünderl dazu. Sitzt da drüben etwa Günter Netzer? Und da hinten, die Blondine mit der großen Sonnenbrille, ist das nicht die Dings …? Hier steigen sie alle ab, die Schönen, Reichen und Berühmten. Man knüpft ja schließlich auch an eine lange Tradition an.

Das Grandhotel wurde 1858 mit viel Pomp eröffnet. König Maximilian II. hatte sich ein Gästehaus neben seiner Residenz und dem Opernhaus gewünscht. Das beste Haus der Stadt sollte es werden, nobler noch als der »Bayerische Hof«, der 1841 eröffnet hatte. Und tatsächlich war der Komfort für die damalige Zeit beeindruckend: einen Paternoster gab es, fließend Warmwasser auf allen Zimmern und tausend Gasglühlampen, die das Nobelhotel abends erhellten. Kaiserin Elisabeth von Österreich blieb manchmal für mehrere Wochen, der König von Siam soll einmal mit 1320 Koffern angereist sein.

Wo einst der europäische Adel ein- und ausging, sind es heute vor allem Politiker, Wirtschaftsbosse und Besucher aus dem Nahen Osten, die die Maximilianstraße im Sommer gern zu ihrer Flaniermeile machen. Für den »auszeitenden« Münchner ist das Kommen und Gehen in der Jahreszeiten-Lobby jedenfalls ein äußerst unterhaltsames Schaulaufen. Und man kann sich durchaus auch in klassischer Afternoon-Tea-Tradition verwöhnen lassen. Immerhin gibt es hier einen ausgebildeten Teemeister, der die Gäste zur Teezeit zwischen 15 und 18 Uhr berät. Die feinen Teesorten warten auf einer eigenen Teebar in silbernen Dosen, das heiße Wasser kommt aus einem großen Samowar, und selbstverständlich werden auch allerlei süße und pikante Leckereien dazu serviert. So lässt es sich leben!

»Hotel Vier Jahreszeiten« · Maximilianstraße 17 · 80539 München · Tram 19 Kammerspiele, U-/S-Bahn Marienplatz · Tel. 089/212 50 · www.kempinski.com

Edle Teatime zu allen Jahreszeiten in einem der besten Münchner Hotels

16

Kunstfoyer der Versicherungskammer: Feinste Fotokunst

Fotoausstellungen erfreuen sich großer Beliebtheit. Trotzdem wissen viele Münchner nicht, dass sie mit dem Kunstfoyer der Versicherungskammer ein ausgezeichnetes Forum haben, wo man nicht nur sieben Tage die Woche, sondern auch noch kostenlos Ausstellungen internationaler Fotografie besuchen kann. Die Räume gleich neben der Isar laden dazu ein, die Werke von Größen wie Henri Cartier-Bresson, Margaret Bourke-White oder die Fotografen der berühmten Leica- und Magnum-Agenturen zu entdecken. Während andere Museen und Ausstellungshallen in München oft überlaufen sind, herrscht hier eine angenehm entspannte, unaufgeregte Atmosphäre.

Kunstfoyer der Versicherungskammer Kulturstiftung · tägl. 9–19 Uhr · Maximilianstr. 53 · 80538 München · www.versicherungskammer-kulturstiftung.de · U-Bahn Lehel, Tram Maxmonument

17

Leberkäs vom »Franziskaner«: Zum Naschen in die Küche

Gegen den schnellen Hunger geht dem Münchner nichts über eine Leberkässemmel. Die gibt's natürlich an fast jeder Ecke, aber ein kleines Abenteuer wird es, wenn man sie in der Traditionsgaststätte »Zum Franziskaner« kauft. Dafür marschiert man zielstrebig an den spachtelnden Gästen vorbei – in die Küche. Ohne sich von herumwuselnden Kellnern beirren zu lassen, bestellt man beim Maître hinter der Theke eine Leberkässemmel, die man gut eingepackt und mit süßem Senf nach Hausrezept ausgehändigt bekommt. Am besten verzehrt man sie dann auf der langen Steinbank vor der Residenz. Am frühen Abend kann man dazu gratis das Defilee der schicken Opern- und Theaterbesucher beobachten.

»Zum Franziskaner« · Residenzstr. 1 · 80333 München · Tel. 089/231 81 20 · www.zum-franziskaner.de · U-/S-Bahn Marienplatz

Die Spezialität des Kunstfoyers sind Ausstellungen berühmter Fotografen.
Schnell auf die Hand: Leberkäs-Laufkundschaft ist in der Küche erlaubt!

Im Münchner Traditionshaus mit der malerischen weiß-gelben Stuckfassade
gibt es alles, was das Herz und vor allem der Gaumen begehrt.

Dallmayr:
Der Münchner Genusstempel

Das Stammhaus der Traditionsmarke Dallmayr ist die perfekte An-
laufstelle für alle Genussmenschen. Mitten in der Stadt kann man
hier in Europas größtem Feinkostgeschäft immer wieder einkehren und
neue Köstlichkeiten entdecken.

Das schlossgelbe Delikatessenhaus hinter dem Rathaus ist längst eine der
bekanntesten Sehenswürdigkeiten Münchens. Das beweisen auch die jährlichen Besucherzahlen von 2,8 Millionen! Dafür gibt es viele Gründe, und die
fangen schon außen an, bevor man den Laden überhaupt betritt. Die Schaufenster sind immer wundervoll dekoriert und geben eine kleine Vorschau
auf das, was einen im Inneren erwartet. Wer dann die mit Messing beschla-
genen Holztüren aufdrückt, erschnuppert sofort, wo er gelandet ist: im Gour-
methimmel!

Eine wunderbare Welt der Vielfalt tut sich auf: beim Wein angefangen geht
es über die feinen Pralinen und Tees hin zur wohl bekanntesten Abteilung, der
des Kaffees. Wer es an den wundervollen Kaffeebehältern aus Nymphenburger
Porzellan vorbei geschafft hat, betritt das wahre Herzstück des Hauses: die
Feinkostabteilung. Mächtige Hirschköpfe schauen von den Wänden zu, wie
einem langsam aber sicher das Wasser im Munde zusammenläuft. Denn die
elegant bestückten Glasvitrinen halten das Leckerste an Wurst, Käse, Fisch und
Fleisch sowie frische Salate und warme Speisen parat. Alles hier wird übrigens
selbst produziert. Vieles davon sogar gleich über dem Ladengeschäft, im zweiten Stock. Neugierige Blicke erntet auch der Krebsbrunnen in der Mitte des
Geschäfts, wo lebende Schalentiere auf ihre Verspeiser warten.

Wer das ganze Spektrum des einstigen königlich-bayerischen Hoflieferanten auskosten will, bekommt an der »Lukullus-Bar« im Erdgeschoss auch
Austern und Champagner. Auf Etage zwei gibt es Törtchen und Krabben-
cocktail im Café sowie sternegekrönte Küche im Gourmetrestaurant. Wer es
legerer mag: Man kann die frisch ergatterten Leckereien auch auf der ge-
genüberliegenden Wiese des Marienhofs bei einem gemütlichen Picknick
verspeisen.

Dallmayr · Mo–Sa 9.30–19 Uhr · Dienerstraße 14–15 · 80331 München · Tel. 089/213 51 00 ·
www.dallmayr.de · U-/S-Bahn Marienplatz

19 Manufactum: Praktisch und schön muss es sein

Klasse statt Masse und zeitlos statt trendy – so lässt sich sowohl das Sortiment als auch die Gestaltung dieses außergewöhnlichen Warenhauses zusammenfassen. Wer durch die Gänge schlendert, sieht garantiert etwas, das er unbedingt haben will, denn die Dinge sind »einfach gut«.

Hier findet man von der Butterdose und dem Schneebesen über den Lichtschalter und handgenähten Ziegenlederschuh bis hin zur italienischen Zitronenseife, zu Craft-Bier und Füllfederhalter so ziemlich alle Produkte, die man sich vorstellen kann. Allerdings mit einer Einschränkung: Sie müssen den hohen Qualitätsansprüchen von Manufactum gerecht werden. So sind alle Produkte aus hochwertigen Materialien und oftmals auch per Hand gefertigt. Daneben charakterisiert sie ein klassisches, meist schlichtes und funktionsgebundenes Design.

Die Produktbeschreibungen von Manufactum haben wegen ihres ausgefeilten, oftmals humoristischen und ausschweifenden Stils eine Art Kultstatus. Als Beispiel für gelungene Werbemaßnahmen kann man einige alte Kataloge in Universitätsbibliotheken finden.

Was 1988 als Katalog von aus der Mode gekommenen, aber klassisch handwerklich hergestellten Produkten wie Schweizer Filzdecken, französischen Gusseisenpfannen oder böhmischem Glas begann, ist heute ein Unternehmen mit Geschäften in neun deutschen Großstädten. Den Namen borgte man sich vom Nordrhein-Westfälischen Staatspreis für Kunsthandwerk, »Manufactum«, Gründer Thomas Hoof war als Landesgeschäftsführer von Bündnis 90/Die Grünen desselben Bundeslandes tätig und damit Teil einer Bewegung, die sich gegen die Wegwerf- und schnelllebige Konsumkultur stellte.

Auch beim Standort setzt man auf Tradition, denn die Münchner Filiale ist im Alten Hof untergebracht. Dieser geht auf eine mittelalterliche Burganlage zurück und ist die ehemalige Residenz Kaiser Ludwigs IV., des Bayern (1282–1347). Zum Warenangebot kommt noch die brot&butter-Abteilung, wo es sich hervorragend bei Cappuccino und Butterbrot verweilen lässt. Für zu Hause gibt es eine schöne Auswahl an traditionell hergestellten Wurst- und Käsesorten sowie Brot aus der hauseigenen Bäckerei.

Manufactum · Mo–Sa 9.30–19 Uhr · Dienerstraße 12 · 80331 Munchen ·
Tel. 089/23 54 59 00 · www.manufactum.de · U-/S-Bahn Marienplatz

Beck Beauty: Einmal Make-up auffrischen, bitte!

Beim Ludwig Beck am Rathauseck kann man nicht nur schöne Dinge kaufen, sondern sich auch schön verwöhnen lassen. Die grandios sortierte Kosmetikabteilung lässt nicht nur, aber vor allem Frauenherzen höherschlagen. Es duftet herrlich, und das Ambiente lädt zum ausgiebigen Schnuppern, Cremen und Tuschen ein. An den Countern kann man sich das Make-up auffrischen lassen, sich fachkundig über Düfte informieren oder sogar die Wimpern verlängern lassen, und das ganz ohne Termin! Perfekt für eine spontane Beauty-Auszeit. Regelmäßig finden hier auch kostenlose Aktionen wie Gesichtsbehandlungen, Maniküren oder »Duftreisen« statt.

Ludwig Beck · Mo–Fr 9–20, Sa 9–18 Uhr · Theatinerstraße 14 · 80333 München · Tel. 089/23 69 10 · www.ludwigbeck.de · U-/S-Bahn Marienplatz

Hammer & Nagel: Hände hoch, Jungs!

In dieser Werkstatt für Männer wird gefeilt, geölt, geschnitten und getupft. Allerdings geht es hier weder um das Auto oder andere Männerspielzeuge, sondern um Männerhände und -füße. Viel Leder, dunkle Farben, raue Backsteinwände und Werkbänke sollen für die Herren der Schöpfung ein Ambiente schaffen, das ihnen mehr liegt als pinke Kosmetikstudios. Und das ganz exklusiv, denn das Hammer & Nagel ist der erste Schönheitssalon, Verzeihung, die erste Schönheitswerkstatt nur für Männer. Egal, ob Komplettsanierung oder die schnelle Nummer – hier kann sich der Mann von heute eine kleine Auszeit gönnen.

Hammer & Nagel · Blumenstraße 3 · 80331 München · Mo–Fr 10–20, Sa 10–18 Uhr · Tel. 089/24 20 62 00 · www.hammerundnagel.de · U-/S-Bahn Marienplatz

Die Löwenmäuler sind von den vielen Streicheleinheiten auf Hochglanz poliert.

Löwen in der Residenzstraße: Aberglaube gehört dazu!

Fast sekündlich berührt ein Passant die Bronzelöwen vor der Münchner Residenz und will damit seinem Glück auf die Sprünge helfen. Wer selbst ein bisschen abergläubisch ist, macht mit, und wer nicht, lässt andere die Schnauzen goldglänzend polieren.

Seit gut 400 Jahren bewachen vier Bronzelöwen den westlichen Eingang des Stadtschlosses der Wittelsbacher. Sie tragen Tafeln, auf deren unteren Enden wiederum je ein Löwenmaul zu erkennen ist. Der Legende nach soll es Glück bringen, ebendiese Schnauzen zu berühren. So wie einst einem Münchner Studenten: Der hatte 1848 eine Schmähschrift über die Liebesbeziehung zwischen der Tänzerin Lola Montez und dem König am Tor zur Residenz aufgehängt. Wutentbrannt ließ Ludwig I. eine Belohnung auf die Ergreifung der Täter ausloben. Der Student war gekränkt, dass der König die Tat keinem Einzelnen zutraute und wollte ein zweites Pamphlet anbringen. Dabei wurde er jedoch erwischt und dem König vorgeführt. Vom Mut des jungen Mannes beeindruckt, ließ der König nicht nur Gnade walten, sondern schenkte ihm auch noch die Belohnung. Beim Verlassen der Residenz strich der Student mit der Hand über das Löwenmaul. Seither soll man es dem Studenten nachtun und die Schnauze berühren, um Glück und Wohlstand zu erhalten.

RADIO-ARABELLA-TIPP

Die Atmosphäre rund um die Residenz ist wunderschön mediterran. Und ein Schwenk an den Löwen vorbei ist Pflicht – ich bin überzeugt, dass das Streicheln der Nasen Glück bringt!

Steffi Schaller

Über das genaue Streichel-Regularium herrscht jedoch Uneinigkeit. Müssen es alle vier Schnauzen sein oder reicht eine? Darf man sich konkret etwas wünschen, oder bringt es nur allgemein Glück? Doch egal, ob man daran glaubt oder nicht – wer die Geschichte kennt, traut sich dann doch nicht vorbei, ohne zumindest eine der Figuren berührt zu haben. Und gerade deshalb ist auch der eigentliche Witz, eine Zeit lang hier zwischen den Löwen die Passanten zu beobachten.

Bronzelöwen vor den Toren zur Residenz · Residenzstraße · U-Bahn Odeonsplatz

23 Kabinettsgarten: Der geheime Garten

Die Residenz ist eigentlich von Touristen überlaufen. Wie gut, dass es einen geheimen Garten gibt, in den sich kaum einer verirrt. Selbst viele Münchner wissen nicht, dass sich hinter der Allerheiligen-Hofkirche ein weiterer kleiner Hof anschließt, der von hohen Mauern umgeben ist und zu einem zauberhaften Garten gestaltet wurde. Zugang gibt es über eine Freitreppe von der Residenz, aber auch über eine Pforte vom Marstallplatz aus. In schöner Symmetrie angelegt, bilden flache Wasserbecken mit bunten Glassteinen Wege aus hellem Kalkstein, Platanen, Magnolien und Rosenstöcke hier ein heiteres Ensemble, das man von den zahlreichen Bänken aus auf sich wirken lassen kann.

Kabinettsgarten · Residenz · Zugang vom Marstallplatz · U-Bahn Odeonsplatz, U-/S-Bahn Marienplatz · www.residenz-muenchen.de

24 »Café Luitpold«: Palastcafé unter Palmen

»Das Leben ist eine Begleiterscheinung zum Caféhaus«, schrieb 1912 der Stammgast und Dichter Erich Mühsam ins Gästebuch des »Café Luitpold«. Mehr als hundert Jahre später strahlt »das Luitpold« seit der Renovierung endlich wieder – und lässt trotzdem nur erahnen, was für ein Palast es einst gewesen sein muss. 1888 öffnete es als eines der größten Kaffeehäuser Europas, mit 20 Prachtsälen und 1200 Plätzen, wurde schnell Treffpunkt für Künstler, Dichter und Bohemiens. Heute lässt man sich die feinen Torten im edel renovierten Café mit Säulen und Kassettendecken oder im berühmten Wintergarten unter Palmen schmecken – im Sommer natürlich auch draußen an der Brienner Straße.

»Café Luitpold« · Mo 8–19, Di–Sa 8–23, So 9–19 Uhr · Brienner Str. 11 · 80333 München · U-Bahn Odeonsplatz · Tel. 089/242 87 50 · www.cafe-luitpold.de

Zwischendurch mal Gemüsegarten und Hühnerhof – jetzt wieder ein öffentlicher Park
Unter der Glaskuppel des »Luitpold« schmeckt die berühmte Torte besonders gut.

Hofgarten:
Boule und Tango im Park

Der Hofgarten ist Münchens ältester Park – und eine grüne Oase im Herzen der Stadt. Zwischen den im italienischen Stil angelegten Hecken und Blumenrabatten findet sich immer eine sonnige Bank, wo man die Seele baumeln lassen kann.

Man tritt durchs Hofgartentor und lässt das geschäftige Treiben am Odeonsplatz schlagartig hinter sich. Es öffnet sich eine ebenso weitläufige wie beschauliche Parkanlage. Vor ziemlich genau 400 Jahren, zwischen 1613 und 1617, ließ Kurfürst Maximilian I. eine ältere Gartenanlage im Schatten der Residenz erweitern. Vorbilder waren italienische Renaissancegärten mit ihrer streng geometrischen Ausrichtung. Im Süden grenzt der Hofgarten an die Residenz, an zwei weiteren Seiten wird er von Arkadengängen eingerahmt, in denen man flanieren und die Fresken bewundern kann.

RADIO-ARABELLA-TIPP

Am besten wählen Sie eine Bank an einem der Brunnen mit Blick zur Theatinerkirche und lauschen wunderbaren Violinen- oder Celloklängen, die vom Pavillon herüberwehen.

Natascha Zillner

Vor allem an lauen Sommerabenden fühlt man sich im Hofgarten wie in Südfrankreich: Dann nämlich sind die Kiesflächen zwischen den gestutzten Hecken und den schattigen Arkaden fest in der Hand der Boulespieler. Es macht Spaß, den Spielern bei ihren geschickten Würfen zuzusehen, und man muss ja nicht gleich ein Mitglied im Verein Pétanque Munichoise werden, um sich selbst einmal an diesem entspannenden Sport zu versuchen.

Alle Wege führen schließlich zum Dianatempel in der Mitte des Hofgartens. Hier kann man eigentlich fast immer Straßenmusikern lauschen, und die Geigen- oder Klarinettenklänge sind quer durch den Park zu hören. Die Akustik ist exzellent, das Ambiente zauberhaft. Kein Wunder, dass im Sommer hier am frühen Abend getanzt wird, mal Tango, dann wieder Salsa oder Swing. Noch ein Cappuccino bei Luigi Tambosi und ein Prosecco bei Charles Schumann – mit Blick auf die klackenden Boulekugeln.

Hofgarten · Hofgartenstraße 1 · 80538 München · U-Bahn Odeonsplatz

Italienisches Flair im Renaissancegarten der Münchner Residenz

Die hängenden Gärten – eines der Kunstobjekte und -projekte in den Fünf Höfen

Edle Passagen:
Durch fünf Höfe sollst du gehn

Zentraler geht es nicht – zwischen Marienhof, Odeonsplatz und Promenadeplatz bieten die Fünf Höfe Shopping für die Gutbetuchten, Büros (und sogar Wohnungen) für die Gutsituierten, Ausstellungen für die Kunstsinnigen – und Cafés, Bars und Wohlfühlorte für jedermann.

Im 19. Jahrhundert zogen zwei Banken in die Palais unweit der Residenz ein – ein Zeichen der damaligen Zeit, wie die Bayerische Vereinsbank und die Bayerische Hypotheken- und Wechselbank den Adel verdrängen konnten. Und wiederum ein Zeichen der Zeit, wie die beiden Banken in den 1990er-Jahren erst fusionierten und dann am Ende von der italienischen Unicredit geschluckt wurden. Aber für das Volk eine durchaus günstige Entwicklung – denn so konnte dieses Sahnestück des Münchner Immobilienmarktes 2001 einer zeitgemäßen und überaus angenehmen Verwendung zugeführt werden: Shoppen, dinieren, rasten und staunen kann jetzt jeder dort, wo einmal nur der Adelssprоss Zugang hatte oder der Bankangestellte seinen Mittag verbringen durfte.

Auf 17 000 Quadratmetern bieten nun 60 Geschäfte elegantes Shopping, von Kleidung über Bücher, Schreibwaren und Kosmetik bis zur Feinkost – und sogar einen Supermarkt im Keller des Viscardihofes. Das gastronomische Angebot ist auf eilige Gäste eingestellt: mit Pizza, Pasta, Thai und Salatbar. Die Bars und Cafés haben für Cappuccino, Kuchen oder auch den feinen Afternoon Tea alles im Angebot – und strahlen in die angrenzenden Theatiner-, Salvator- und Maffeistraßen aus und locken so noch die Spaziergänger in der Innenstadt oder Opernliebhaber an.

Die mehr als sieben Millionen Besucher jährlich fasziniert aber vor allem das Flanieren in den Höfen und Passagen selber – einschließlich der mehr oder weniger gut versteckten Kunstwerke wie den »Hängenden Gärten« in der Salvatorpassage, der monumentalen Stahlkugel »Sphere« im Viscardihof oder den Glaspaillettenmosaiken in der Prannerpassage. Apropos Kunst: Die Kunsthalle der HypoVereinsbank bietet Ausstellungen, die wegen ihrer Themen und Präsentationsweise wahre Publikumsmagneten sind.

City Quartier Fünf Höfe · Geschäfte Mo–Sa 10.00–19.30 Uhr, Gastronomie Mo–So 10–24 Uhr · Theatinerstr. 11 · 80333 München · www.fuenfhoefe.de · U-/S-Bahn Marienplatz, Odeonsplatz

27

»Blue Spa Bar«: Luxus-Auszeit über den Dächern

In der eignen Stadt ist man ja eher selten in Hotels unterwegs. Dabei muss man oft nicht einmal Gast sein, um in den Genuss vieler toller Annehmlichkeiten zu kommen. So wie in der »Blue Spa Bar«. Hoch oben, auf dem Dach des Hotels »Bayerischer Hof«, kann man auf der wunderschönen Sonnenterrasse lecker essen oder einfach nur einen Drink nehmen. Im Sommer trifft man sich zum Blue Spa Barbecue oder im Winter an der Polar Bar – zu sehen gibt es immer was. An guten Tagen in der Ferne die Alpen oder am Nebentisch einen Promi. Wer die Auszeit verlängern will, kann auch als Externer eine Tageskarte für den Blue Spa kaufen und so über den Dächern der Stadt schwimmen.

»Blue Spa Bar« im »Hotel Bayerischer Hof« · tägl. 7–22.30 Uhr · Promenadeplatz 2–6 · 80333 München · Tel. 089/212 09 92 · www.bayerischerhof.de · U-/S-Bahn Marienplatz

Nachtkirche in Sankt Lukas: Segen der Stille

Von außen sind die Fenster der mächtigen Lukaskirche dunkel, doch am Haupteingang findet der Besucher am späten Donnerstagabend die Tür weit offen, und eine Laterne lädt zum Eintreten ein. Drinnen erhellen nur Kerzen die vorderen Bänke und den Altarraum, das Licht der Straßenlaternen fällt fahl durch die Kirchenfenster, und der Verkehr, der auf der Steinsdorfstraße vorbeifließt, klingt wie fernes Meeresrauschen. Wenn um 22 Uhr dann die allwöchentliche Nachtkirche beginnt, kann man bei ruhiger Orgelmusik, Taizé-Liedern und Psalmen den Tag ausklingen lassen. Man muss kein Kirchgänger sein, um in dieser meditativen halben Stunde zur Ruhe zu kommen.

St. Lukas · Nachtkirche Do 22–22.30 Uhr · Mariannenplatz 3 · Eingang Steinsdorfstraße · 80538 München · Tram 18 Mariannenplatz, S Bahn Isartor

Hier schaut einem die Frauenkirche beim Plantschen und Speisen über die Schulter.
Seit 1896 in exponierter Lage am Isar-Wehr: die Lukaskirche im Lehel

Das weltweit größte Technikmuseum lockt mit großen und kleinen Exponaten.
Man kann Tage dort verbringen – oder auch nur eine halbe Stunde.

Deutsches Museum:
Auf einen Blitz zu Faraday

Das größte Technikmuseum der Welt ist so groß, dass es eine eigene Insel in der Isar braucht. Tage kann man darin verbringen – aber wer sagt, dass man das muss? Auf zum Blitzbesuch beim Faradayschen Käfig oder Bildungsurlaub in Sachen Nanotechnologie!

Die gute Nachricht für die sparsame Hausfrau vorweg: Ab 16 Uhr ist der Eintritt kostenlos, weil kaum jemand glaubt, in einer Stunde noch viel zu sehen. Das spart satte elf Euro – oder 52 Euro im Jahr, denn so viel oder wenig kostet die Jahreskarte fürs Deutsche Museum. Ob man sich also für die kostenlose oder für die kostengünstige Lösung entscheidet – ein Kurzbesuch macht richtig Spaß, erfordert allerdings auch etwas Planung. Denn dann muss man sich gezielt einen Bereich vornehmen.

Ideal für den Kurztrip sind die Ausstellung für die Schifffahrt im Erdgeschoss oder die nachgebaute Höhle von Altamira im zweiten Stock. Gut zu schaffen ist auch die Hochspannungsanlage, wo günstigerweise um 16 Uhr eine Vorführung beginnt – der entsprechende Ausstellungsraum liegt gleich rechts hinter dem Eingang, und dort drängeln sich schon die Besucher, um zu sehen – und zu hören! – wie ein Museumsmitarbeiter von 300 000 Volt umzuckt wird. Für das Bergwerk, das weite Teile des Untergeschosses einnimmt, empfiehlt sich bei nur einer Stunde Zeit schon ein etwas schnellerer Schritt, und im Dauerlauf schafft man auch noch die Astronomie. Einige andere Bereiche des Museums werden bis 2019 renoviert.

Zum Deutschen Museum gehören noch das Verkehrsmuseum an der Schwanthaler Höhe und in Oberschleißheim die Flugwerft – beides sehr lohnende Ausflugsziele!

Das wunderbare Kinderreich – bis 2019 umbaubedingt auf zwei Etagen verteilt – schließt schon früher als das Museum und eignet sich daher nicht für den Abendbesuch – dafür zahlen Kinder bis fünf Jahre aber noch nicht, und der Eintritt ist mit dem Münchner Familienpass günstiger. Schöne Nischen für kleine Auszeiten und so manches Exponat befinden sich auch außerhalb des labyrinthischen Bauwerks: in Innenhof, Bibliothek oder Museumsshop.

Deutsches Museum · Mo–So 9–17 Uhr · Museumsinsel 1 · 80538 München ·
www.deutsches-museum.de · S-Bahn Isartor, Tram 18 Deutsches Museum

Alpines Museum:
Wo die Isar auf die Alpen trifft

Es gibt sie noch, die beschaulichen Stellen an der sonst recht vollen innerstädtischen Isar. Im Garten des Alpinen Museums kann man im Sommer herrlich in Liegestühlen die Sonne und den vorbeirauschenden Fluss genießen – und wird dabei sogar noch bedient!

Ende des 19. Jahrhunderts befestigte man die Ufer der Isar und ihre Inseln unter dem Leitmotiv »Isarlust«. Heute heißt genau so das Café des Alpinen Museums auf der Praterinsel, einer der damals befestigten Inseln. Und der Name ist Programm: Der Garten hinter dem Museum, wo das Café in den warmen Monaten seine Tische aufstellt, macht sprichwörtlich Lust auf die schöne grüne Isar. Anscheinend kennen nur wenige Münchner diesen tollen Ort, anders ist es einfach nicht zu erklären, dass hier oft so wenig los ist. Was gibt es Schöneres, als sich an einem warmen Tag einen der vielen Liegestühle zu holen und bei einer Tasse Kaffee dem Isarrauschen zuzuhören? Man kann sich dafür sogar Bücher aus der Museumsbibliothek ausleihen, die eine ausgezeichnete Auswahl besitzt an Sachbüchern, Romanen, Zeitschriften und Karten, alle natürlich zum Thema Alpen. Wer es aktiver mag oder mit Kindern unterwegs ist, kann den Boulderstein erklimmen, einen Granitbrocken aus dem Bayerischen Wald.

Auch das Museum selbst lohnt einen Besuch. Es wurde vom Deutschen Alpenverein (DAV) erst vor 20 Jahren wiederbelebt: An dieser Stelle gab es von 1911 bis zur Zerstörung im Zweiten Weltkrieg zwar bereits ein Museum der Alpen, zwischenzeitlich wurde das Gebäude aber als Verwaltung genutzt. In den heutigen Räumen erahnt man dank stimmungsvoller Aquarelle, alter Schneeschuhe oder Originalnotizen von Bergbesteigungen den Pioniergeist des frühen 19. Jahrhunderts, als die Menschen begannen, sich für die Alpen zu interessieren. Sonderausstellungen setzen sich mit aktuellen Problemen des modernen Massentourismus auseinander oder zeigen legendäre Expeditionen aus Vergangenheit und Gegenwart und machen Lust auf eine längere Auszeit in den echten Bergen.

Alpines Museum · Di–So 10–18 Uhr · Praterinsel 5 · 80538 München · Tel. 089/211 22 40 · www.alpenverein.de/Kultur/Museum · Tram 18 Mariannenplatz, S-Bahn Isartor

Entspannen im Museumsgarten an der Isar
Ob der Wandersmann seinen Weg auf der Karte noch gefunden hat?

Riesiger Indoor-Spielplatz für Outdoor-Begeisterte, direkt am Isartorplatz

Globetrotter:
Abenteuerspielplatz in der City

Wenn akutes Fernweh plagt, der nächste Urlaub aber in weiter Ferne liegt, hilft manchmal nur Planen und Träumen. Nirgendwo geht das besser als in diesem gigantischen Outdoor-Kaufhaus, wo man alles für die nächste Reise ausprobieren kann. Zwischen Kletterwand und Kanutestbecken wird schon der Besuch zum Abenteuer.

Pelze, Fallensteller, Abenteurer – vielleicht ist es auf eine verdrehte Weise logisch, dass sich dort, wo einmal das größte Pelzgeschäft Münchens stand, heute ein riesiges Outdoor-Geschäft befindet. Auf vier Etagen bietet Globetrotter in der Rieger City nun alles rund um Berg-, Wasser-, Rad- und Wintersport und ist dabei wie ein Vergnügungspark für Outdoor-Begeisterte. Hier wird man ermuntert, alles vor dem Kauf genau zu prüfen. Wer nach unten in das sich über alle vier Ebenen öffnende Atrium blickt, entdeckt dort das riesige Kanubecken mit Gegenstromanlage, in dem Kunden die Boote testen können. Ein garantiert aufregendes Erlebnis, schon das Zuschauen macht Spaß. Ausprobieren wird auch sonst großgeschrieben, ob man nun das neue Zelt vor dem Kauf aufbaut oder im gläsernen Klettertunnel kraxelt. In der Regenkammer testet man gleich mal, ob die Outdoorjacke einem Monsunregen oder Orkan standhält. Und in der Höhen-Kälte-Kammer im ersten Stock kann man die Trekkingjacke bei bis zu minus 25 Grad auf ihre Himalaja-Tauglichkeit prüfen und im Schlafsack auf echten Eisblöcken liegen. Und dabei auch fühlen, wie es so ist, wenn die Luft dünn wird, denn in der 125 Quadratmeter großen Kammer wird der Luft viel Sauerstoff entzogen und dadurch extreme Höhe simuliert.

Selbst wer mit Abenteuer und Survival nichts am Hut hat, wird hier fündig. Und zwar im hintersten Eck des Erdgeschosses, wo eine Kolonie von Blattschneiderameisen emsig durch Plastikröhren und Terrarien wuselt. Sehr meditativ. Daneben gibt es eine schön sortierte Abteilung mit Büchern und Landkarten, wo man bestens schmökern und Reisepläne schmieden kann. Sogar der Gang zur Toilette wird zum überraschenden Kurzurlaub – mehr soll an dieser Stelle aber nicht verraten werden …

Globetrotter · Mo–Sa 10–20 Uhr · Isartorplatz 8–10 · 80331 München · Tel. 089/44 45 55 70 · www.globetrotter.de/filialen/muenchen · S-Bahn Isartor

55

Tingel-Tangel

„Sind Sie denn von Sinnen? – Nein von hier."

Valentin-Devotionalien erheitern die Besucher des Musäums.

Valentin Karlstadt Musäum:
Zum Lachen ins Isartor

»Sie haben ja auch keinen Wogel, sondern einen Vogel!« Karl Valentin hatte stets die perfekte, oft doppeldeutige oder um die Ecke gedachte Antwort parat. Diese gab er auf die Frage, wie man seinen Namen denn nun aussprechen solle. Das und noch viel mehr erfährt man in seinem »Musäum« im Isartor.

Dass man hier keinen gewöhnlichen Museumsbesuch vor sich hat, erkennt man schon am Namen und an den Öffnungszeiten. Denn das kleine »Musäum«, wie Valentin vermutlich auch gesagt hätte, öffnet um Punkt elf Uhr eins und schließt eine Minute vor halb sechs. Mit solchen Kuriositäten hat man versucht, dem Geist der beiden Münchner Universalgenies, Karl Valentin und seiner Weggefährtin Liesl Karlstadt, gerecht zu werden.

»Mögen hätt ich schon wollen, aber dürfen hab ich mich nicht getraut« – man sollte sich auf alle Fälle hierher trauen! Gezeigt wird eine gelungene Mischung aus Hintergrundinformationen zum Leben und Wirken der beiden Künstler. Fotografien, Postkarten, persönliche Gegenstände und einige Objekte aus dem Panoptikum (Valentins Kuriositätenkabinett) wie ein Glas Berliner Luft, ein zugemauertes Aussichtsfenster oder der Winterzahnstocher geben Einblick in die Wirrungen des Valentin'schen Gehirns. Auf der Leinwand werden einige der vielen Filme von Karlstadt und Valentin abgespielt und zeigen, wie zeitlos ihr Humor ist.

Im »Café Turmstüberl« kann man dann über das Gesehene bei Bier und Weißwurst oder Kaffee und Kuchen sinnieren und den Blick ins Münchner Tal genießen.

Besonders Valentins Wortwitz ist einmalig. Am liebsten beschäftigte er sich mit den Absurditäten des Alltags. »Alle beschweren sich über das Wetter, aber keiner unternimmt etwas dagegen«, »Fremd ist der Fremde nur in der Fremde« oder »Es ist schon alles gesagt, nur noch nicht von allen« zählen dabei zu seinen bekanntesten Zitaten. Eine Auszeit im Valentin Musäum ist daher wie Balsam für Körper und Seele. Denn wer richtig lacht, der entspannt, baut Stress ab und schüttet Glückshormone aus! Und wer Größen wie Bertolt Brecht, Loriot und Gerhard Polt zum Lachen bringt und inspiriert, wird das sicher auch bei Ihnen schaffen!

Valentin Karlstadt Musäum · Do–Di 11.01–17.29 Uhr · Tal 50 · 80331 München · Tel. 089/ 22 32 66 · www.valentin-musaeum.de · S-Bahn Isartor

Café »max2«:
Mittags im Museum

Im Museum Fünf Kontinente kann man nicht nur die Zeugnisse der Kulturen dieser Welt bestaunen, sondern auch in edlem Ambiente ausgezeichnet speisen, »max2« heißt das Museumscafé. Und wer ein wenig mehr Zeit mitbringt, sollte natürlich auch noch ins zweitgrößte ethnologische Museum Deutschlands gehen.

In der Lobby des vielen noch als Völkerkundemuseum geläufigen Museums erwartet einen das kleine Café, wo man nach einem Museumsbesuch einkehren und die Kunst Tibets, Myanmars oder Turkmenistans Revue passieren lassen kann. Natürlich schauen im »max2« auch viele Nicht-Museumsbesucher auf einen Espresso oder zum Lunch vorbei. Gerade der dreigängige Businesslunch ist ausgezeichnet und der Preis – vor allem in dieser Lage – unschlagbar. Die Atmosphäre in der prächtigen hohen Eingangshalle ist schlicht und edel. Man sitzt stilecht auf dreibeinigen und überraschend gemütlichen Costes-Design-stühlen. Auch draußen unter den Arkaden kann man sich mit Blick auf die Maximilianstraße niederlassen. Nur bei den Tischen auf der kleinen Terrasse vorn an der Straße, die zwar sonnig und mitten in den Grünanlagen liegen, schränkt der Straßenverkehr die Gemütlichkeit etwas ein.

Die Lobby des Museums verwandelt sich abends gelegentlich zur angesagten Partylocation. Gediegener ist der Ethnologische Salon mit Lesungen und Filmen.

Das prächtige Museumsgebäude wurde in den 1860er-Jahren von Eduard Riedl erbaut, nach Plänen von Gabriel von Seidl, dem Haus- und Hof-Architekten von Max II. Ursprünglich war hier das Bayerische Nationalmuseum beheimatet, und das Völkerkundemuseum befand sich in den Hofgartenarkaden, bevor es in den 1920er-Jahren dann hier einzog. Die Gründung eines ethnologischen Museums geht auf den weltoffenen König Maximilian II. zurück. Dieser ließ 1862 verschiedene in München verstreute völkerkundliche Sammlungen zusammentragen, darunter auch die exotischen Schätze aus dem Hause Wittelsbach, um sie seinem Volk zu präsentieren. Heute umfasst die Sammlung beeindruckende 160 000 Exponate, darunter das älteste Kanu der Welt und ein Haifischzahnspeer aus der Südsee.

»max2«-Café im Museum Fünf Kontinente · Di–So 10–17.30 Uhr · Maximilianstr. 42 · 80538 München · Tel. 089/18 92 69 77 · www.cafe-max2.de · U-Bahn Lehel, S-Bahn Isartor oder Tram 18,19 Maxmonument

Unter den Arkaden des Museums lässt es sich ganz vorzüglich speisen.

Auf einen heißen Espresso oder einen Bio-Snack zu »Fräulein Grüneis«
Abkühlung verspricht das kleine Surferparadies auf der Eisbachwelle.

Englischer Garten, Südteil: Surfen und entspannen

Klar, man kann auch locker einen ganzen Tag im Englischen Garten verbringen, aber selbst wenn man nur wenig Zeit hat, lohnt ein Besuch immer. Im Südteil des Parks locken jede Menge sehenswerte Orte und schöne Plätze, die man auch auf die Schnelle besuchen kann.

Für staunende Touristen ein Spektakel, für Münchner nichts Neues und doch immer wieder sehenswert: die Eisbachsurfer. Von der Brücke neben dem Haus der Kunst kann man ihre wagemutigen Stunts beobachten, und das bei so ziemlich jedem Wetter, jeder Tageszeit und sogar fast zu jeder Jahreszeit. Hier schießt der Eisbach mit voller Wucht unter der Brücke hervor und erzeugt eine mächtige, stehende Welle. Auf der mit dem Surfbrett zu reiten, und wenn es nur für ein paar Sekunden ist, bevor einen die Kraft der Welle mitreißt, ist die große Herausforderung für Surfer – beobachtet von zahlreichen Schaulustigen. Von der großen Eisbachwelle (einen Kilometer den Eisbach hinunter gibt es noch eine zweite, kleinere Sur-

ferwelle) sind es nur ein paar Schritte bis zum Kult-Kiosk »Fräulein Grüneis«, wo man sich mit Bio-Snacks und Getränken eindecken kann. Mittags gibt es feine Suppen, Currys und Co. Zum Nachtisch vielleicht noch ein Brownie? Den genießt man dann zum Beispiel am nahen Wasserfall, da, wo der Schwabinger Bach

RADIO-ARABELLA-TIPP *Beim kleinen Kiosk am See-Einlauf ist es urgemütlich, vor allem am Abend. Da treffen sich die Schwabinger zum Ratsch beim Feierabend-Bier, egal, wie das Wetter ist!*

Klaus Schweiger

auf den Eisbach trifft. Er ist zwar nur etwa 1,50 Meter hoch, rauscht aber beeindruckend, und die wildromantische Kulisse lässt die nahe Großstadt vergessen. Wenn die Sonne mal so richtig runterbrennt, kann man sich hier gut abkühlen. Noch besser geht das beim Eisbachtreiben. Dazu lässt man sich etwa 50 Meter hinter der Surferwelle ins kalte Wasser gleiten und einfach von der starken Strömung mitnehmen. Kurz vor der Tivolibrücke klettert man wieder raus, und an der Haltestelle Tivolistraße geht's dann mit der Tram zurück zur Paradiesstraße.

Englischer Garten Südteil · Lehel · Tram 18, Bus 100 Nationalmuseum/Haus der Kunst

»Goldene Bar«: Preisgekrönte Drinks in historischen Wänden

Ob tagsüber auf der sonnigen Terrasse oder abends im edlen Ambiente der Bar – ein Royal Hibisco Gin Fizz aus Gin, Hibiskusextrakt, Zitrone und Ei schmeckt überall ausgezeichnet und macht die »Goldene Bar« im Haus der Kunst zu einer Location, die man eigentlich viel öfter besuchen sollte.

Mit der »Goldenen Bar« gelang im Haus der Kunst ein ungewöhnliches Konzept, das Bargänger, kulturell interessierte Besucher des Museums und Partyvolk gleichermaßen anspricht. Tagsüber herrscht gemütliche Kaffeehausstimmung. Bei Kuchen, Kaffee oder einem der täglich wechselnden Lunch-Menüs kann man herrlich den Tag genießen. An warmen Tagen am besten auf der riesigen Terrasse mit freiem Blick auf den Englischen Garten. Unser Tipp, wenn auch leider kein Geheimtipp mehr: Kommen Sie zum Sonnenuntergang, er hüllt die Terrasse in ein ganz besonderes Licht!

Aber auch drinnen hat die Bar einiges zu bieten! Hier wurde vom Münchner Restaurateur Volker Jutzi in mühevoller Handarbeit wieder hergestellt, was in den 50er-Jahren mit viel Farbe und Sperrholzplatten verdeckt worden war. Wie beim Haus der Kunst entschied man sich hier dazu, einen Schritt nach vorn zu gehen und die Vergangenheit als Nazibau nicht länger zu verschleiern, sondern sich mit ihr auseinanderzusetzen und sie als ein Stück Architekturgeschichte zu zeigen. Zum Vorschein kamen dabei wundervolle goldene Wandmalereien aus dem Jahr 1937, die der Bar nicht nur den heutigen Namen, sondern auch ihr warmes, elegantes Ambiente geben. Sie sind eine Hommage an die flüssigen Genüsse und zeigen auf historisierenden Landkarten deren Herkunftsregionen: die Champagne, die Karibik und die Rumherstellung oder Schottland, das Whiskey-Land.

Abends kommen dann Cocktailliebhaber und Partygänger auf ihre Kosten. Barchef Klaus St. Rainer kreiert Drinks, die qualitativ überzeugen und in ihrer Zusammenstellung überraschen. Viele Zutaten wie Sirups oder Essenzen stellt er selbst her. Zu späterer Stunde gibt es an den Wochenenden auch DJ-Sets, und die Stimmung wird entsprechend ausgelassen.

»Goldene Bar« · Mo–Sa 10–2, So 10–20 Uhr · Prinzregentenstr. 1 · 80538 München · 089/54 80 47 77 · www.goldenebar.de · Bus 100/Tram 18 Nationalmuseum/Haus der Kunst

Ein Genuss für Auge und Gaumen: die riesige Spirituosenauswahl der »Goldenen Bar«

36

Tram 18 und 19:
Auf Schienen durch die Stadt

Die Stadtwerke und Partyplaner haben daraus längst ein Geschäft gemacht – die schönste Straßenbahnstrecke durch die Altstadt und das Lehel wird im Advent mit der Christkindltram durchfahren, und zu anderen Zeiten drängeln sich Partygäste in den Waggons. Stadtbesichtigung per ÖPNV geht aber auch anders.

Ein klarer Nachteil der organisierten Tramfahrten besteht ja schon darin, dass die Fenster so beschlagen sind von den vielen fröhlichen Menschen drinnen, dass man gar nichts mehr sieht von der Schönheit draußen – vom Promillegehalt ganz zu schweigen. Kleine Auszeit sieht ja nun wirklich anders aus. Was liegt also näher, als die gute Idee und die schöne Route einfach selbst in die Hand zu nehmen. Und das geht so: Zunächst findet man heraus, wo man in die Trambahnen 18 oder 19 auf ihren Altstadtstrecken möglichst einfach einsteigen kann – vielleicht ja gleich gegenüber vom eigenen Büro? Die Umsteigepunkte bei dieser selbst gebastelten Tour sind das Maxmonument im Osten und der Stachus im Westen – an diesen Haltestellen treffen sich die beiden Linien.

Die 19 fährt dazwischen über Lenbachplatz, Pacellistraße und Promenadeplatz (unbedingt beachten: »Bayerischer Hof« und Michael-Jackson-Denkmal!), Maffei- und Perusastraße und dann die Maximilianstraße entlang. Die 18 fährt über Sonnenstraße und Sendlinger Tor, über Müller- und Rumfordstraße (hier kann man an der Haltestelle Reichenbachstraße nach Süden einen Blick auf den Gärtnerplatz und nach Norden auf den Viktualienmarkt erhaschen) und dann am Isartor weiter zur Thierschstraße nach Norden, bis sie auf die Maximilianstraße trifft. Dort das Umsteigen nicht vergessen – sonst geht es durch das Lehel weiter und am Englischen Garten entlang nach Bogenhausen – was freilich auch ganz schön ist. Einziger Wermutstropfen: Man braucht zwei Fahrscheine für die Tour, denn Rundfahrten sind nicht erlaubt. Dafür kann man jederzeit aussteigen und eine Eispause einlegen – »Adria« in der Reichenbachstraße, »Vincente« und »Garda« in der Zweibrückenstraße oder »Venezia« am Stachus eignen sich dafür.

Trambahnen 18 und 19 · Haltestelle Stachus und Maxmonument · Altstadt und Lehel · Mo–So ca. 5 bis ca. 24 Uhr · www.mvg.de, www.spurwechsel-muenchen.de

Stadtrundfahrt mit Streifenkarte: mit der Tram 19 am Promenadeplatz entlang

Der berühmte Muschelsaal schafft den richtigen Rahmen, auch für Familienfeste.

»Zum Augustiner«: Edelstoff im Jugenstil-Ambiente

Die meisten kommen zum Shoppen in die Fußgängerzone zwischen Stachus und Marienplatz. Dass man hier auch bestens eine entspannte Auszeit in einer der schönsten Traditionsgaststätten der Stadt nehmen kann, würde man gar nicht erwarten.

Mitten in der Fußgängerzone liegt nämlich das schöne Stammhaus der Augustiner-Brauerei. Eingänge gibt es gleich zwei, und die sind nicht etwa für Münchner und Zuagroaste, sondern führen ins Restaurant (rechts) beziehungsweise in die Bierhalle (links). In Letzterer ist die Stimmung erwartungsgemäß laut und trinkfreudig, die Bedienungen sind auch mal etwas ruppiger. Aber nur ein paar Schritte weiter wartet ein echtes Idyll. Also lässt man den Trubel der Schwemme am besten hinter sich und geht gleich ganz nach hinten durch, wo man in einem lauschigen Innenhof mit Biergarten landet, in dem die Uhren etwas langsamer zu ticken scheinen. Hier geht es entspannt und geruhsam zu. Die Wände sind mit schönen alten Fresken bemalt, in den Blumenkästen blühen üppig die Geranien, an der Stirnseite plätschert ein mit Muscheln verzierter Brunnen, und rundum führt ein Arkadengang, in dem man auch an heißen Sommertagen ein schattiges Plätzchen findet. Es ist wie ein Stückchen Italien – in dem dann auch noch das Lieblingsbier der Münchner ausgeschenkt wird, dazu gibt's Braten und Wurst aus der hauseigenen Metzgerei. Besser geht's nun wirklich nicht, hier ist der Münchner im Himmel.

Aber auch drinnen im Restaurant wartet noch ein echtes Highlight, das man auf dem Weg zurück unbedingt noch anschauen sollte. Der kleine Muschelbrunnen im Arkadenhof ist nämlich nur ein Vorgeschmack auf den berühmten Muschelsaal. Eine große Jugendstil-Glaskuppel spannt sich über diesen Saal, dessen Wände mit kleinen Kieselsteinen und vor allem Tausenden von Muscheln verziert sind, die in der Isar und im Ammersee gesammelt wurden. Geschaffen wurde dieses Gesamtkunstwerk einer Großgaststätte übrigens 1897 nach dem Entwurf des Architekten Emanuel von Seidl.

»Zum Augustiner« · Mo–Sa 9–24, So 10–24 Uhr · Neuhauser Str. 27 · 80331 München · Tel. 089/23 18 32 57 · www.augustiner-restaurant.com · U-/S-Bahn Karlsplatz-Stachus

Hamam: Tausendundeine Nacht hinterm Sendlinger Tor

Auch wenn es von außen nicht besonders einladend wirkt, das Mathilden Hamam ist innen ein eleganter und wunderbarer Ort, um die Zeit zu vergessen. Denn wer die paar Stufen nach unten schreitet, begibt sich auf eine kleine Reise in den Orient, wo man sich der luxuriösen Badekultur in exotischem Ambiente hingeben kann.

Das Schöne ist, dass man für den regulären Hamambesuch auch ganz spontan vorbeikommen kann. Nach einer freundlichen Begrüßung und einem Glas Tee wird man mit Pantoffeln und ausreichend Handtüchern versorgt. Dabei darf selbstverständlich das Pestemal nicht fehlen, das traditionelle türkische Hamamtuch. Auch wem die Prozeduren dieses klassischen Baderituals neu sind, braucht sich keine Sorgen zu machen, denn man wird vom aufmerksamen Personal durch alle Stationen geleitet und kann sich dadurch auf das Wichtigste konzentrieren: die Entspannung.

Nicht unbedingt die ideale Auszeit mit der besten Freundin, denn im Hamam wird eigentlich nicht gesprochen. Dafür umso mehr, um zu sich selbst zu kommen!

Erste Station ist dann die Dusche, bevor man zum Dampfbad geführt wird. Hier kann man sich ausgiebig mit Salz einreiben und erhält so zusammen mit dem heißen Wasserdampf ein angenehmes Peeling. Danach wird man mit Aufgüssen wieder vom Salz befreit, darf auf dem Herzstück eines jeden Hamam, dem heißen Stein, die Seele baumeln lassen und die Wärme genießen. Eine wahre Auszeit für Körper und Geist! Zum Abschluss kann man sich in den mit Mosaiken geschmückten Ruheräumen niederlassen und einen erfrischenden Ayran genießen.

Wer beim nächsten Mal ausgiebiger entspannen will, gönnt sich eine der Anwendungen. Egal, ob türkische Kese (Rubbelmassage mit einem Handschuh, der abgestorbene Hautzellen entfernt), Sabunlama (Seifenmassage) oder klassische Öl- oder Schröpfmassagen – hier gibt es für jeden das Passende. Wer Besonderes sucht, probiert Rasul, eine traditionelle Schlammbehandlung, die sich einst schon Kleopatra gönnte. Da die Anwendungsplätze beschränkt und begehrt sind, empfiehlt sich dafür allerdings eine Reservierung.

Mathilden Hamam · tägl. 9–21 Uhr · Mathildenstr. 5 · 80336 München · Tel. 089/55 45 73 · www.hamam.de · U-Bahn Sendlinger Tor

Wellness orientalisch: das Mathilden-Hamam

Der majestätische Neptunbrunnen ist das Herzstück des Alten Botanischen Gartens.

Alter Botanischer Garten:
Zentrale Kunst- und Ruheoase

Zentraler geht es kaum: Der Alte Botanische Garten liegt zwischen Hauptbahnhof und Stachus. Trotzdem hört man auf seinen Wegen und Wiesen kaum Verkehrsgeräusche. Der kleine, oft übersehene Park hat allerdings weit mehr zu bieten als seine zentrale Lage und idyllische Ruhe!

Wer durch den Alten Botanischen Garten flaniert, fühlt sich ein bisschen in eine längst vergangene Zeit versetzt. Vorbei an dem klassizistischem Eingangsportal, auf dem Goethes Worte »Der Blumen über den Erdkreis zerstreute Gattungen auf Geheiß des Königs Maximilian Joseph 1812 hier vereint« prangen, gelangt man zum Neptunbrunnen. Der war Teil der Umgestaltung des Gartens zur Parkanlage, als 1914 ein neuer Botanischer Garten (siehe Kapitel 68) vor den Toren Münchens, im heutigen Nymphenburg, errichtet worden war. Hier kann man an einem heißen Tag genüßlich am Rand sitzen, die Füße ins kalte Wasser baumeln lassen und das Treiben rund um das wunderschön bepflanzte Brunnenareal beobachten.

Ein paar Schritte weiter erreicht man das »Parkcafé« – in den 60ern des letzten Jahrhunderts bekannt für Tanztees und Meilenstein im Nachtleben der 70er, ist es heute ein traumhaft eingewachsener Biergarten. Der achtsame Spaziergänger kann sich auf dem Weg dorthin über einen Gedenkstein zur Erinnerung an die erste Gleichstromfernübertragung von Miesbach nach München aus dem Jahr 1882 wundern.

Im Park sind aber neben der ganzen Historie auch immer wieder Anknüpfungspunkte an die Gegenwart zu finden. So gibt es auf den Wiesen regelmäßig moderne Kunstinstallationen, und auch der Kunstpavillon widmet sich ausschließlich der zeitgenössischen, oftmals kritischen bildenden Kunst. Hier kann man das ganze Jahr über interessante Ausstellungen besuchen und dabei mit den Künstlern ins Gespräch kommen, da der Raum nicht ausschließlich als Ausstellungsraum, sondern auch als Diskussionsforum und Werkstätte genutzt wird.

Alter Botanischer Garten · Sophienstraße 7 · 80333 München ·
www.kunstpavillon.org · U-/S-Bahn Stachus

40

Wittelsbacher Brunnen:
La Dolce Vita in München

Leider fährt man viel zu oft einfach nur vorbei am Übergang vom Lenbachplatz zum Maximiliansplatz. Doch der auf den Resten der alten Stadtmauer gebaute, 1895 enthüllte Wittelsbacher Brunnen ist Münchens schönster und lohnt unbedingt einen Besuch. Symbolisieren soll er die Kraft des Wassers – sowohl die zerstörerische, in Form des Jünglings auf dem Pferd, als auch die Heil bringende, in Gestalt der Amazone auf dem Stier. Wer in einer lauen Sommernacht die Füße in das 25 Meter lange Becken steckt, das glitzernde Wasser und die klassizistischen Marmorfiguren betrachtet, muss dabei unweigerlich auch an »La Dolce Vita« und Anita - Ekberg denken.

Wittelsbacher Brunnen · Lenbachplatz · 80333 München ·
Tram 17, 19 Lenbachplatz

41

Floaten in Schwabing:
Dann hebt er ab und …

Schon eine besondere Art, eine Stunde Auszeit zu nehmen – aber sicher auch die mit der stärksten Entlastung: Floaten, das heißt in ein Becken mit Wasser zu steigen, das so stark mit Salz angereichert ist wie das Tote Meer. Je nach Gusto kann man bei Licht oder Dunkelheit, Sphärenklängen oder absoluter Stille dort liegen, entspannen und an alles oder nichts denken. Wer dann nicht genug relaxed ist und ein wenig mehr Zeit und Geld mitbringt, darf sich noch eine Massage gönnen. Floaten kann man in fast allen Stadtteilen – der Altstadt, Haidhausen und natürlich in Schwabing, wo das Leben ja ohnehin ein wenig schwereloser ist als anderswo.

Premium float Schwabing · Feilitzschstr. 26 · 80802 München · Tel. 089/33 03 97 31 ·
www.float-schwabing.de · U-Bahn Giselastraße

Zu jeder Tageszeit einen Besuch wert, bei Dunkelheit jedoch besonders romantisch

Entspannung pur durch Schwerelosigkeit – geht im Weltall, Toten Meer und hier.

42 Salzgrotte: Entschleunigung mit jedem Atemzug

Abgeschottet von Verkehrsgeräuschen, dem Stress des Alltags, Luftverschmutzungen oder anderen großstädtischen Belastungen, bietet die Salzgrotte einen Raum der Ruhe und Einkehr. Gönnen Sie sich diese ungewöhnliche Auszeit – Körper, Geist und Seele werden sich bedanken.

Meditative Musik erfüllt den Raum. Ein leises Plätschern und sanfte Farbenspiele beruhigen den Geist. Unter den Füßen knirschen Salzkristalle. Es ist angenehm kühl und die Luft wunderbar klar. In kuschelige Decken gehüllt, entspannt man auf bequemen Liegen bei gerade einmal 18 Grad Lufttemperatur. Um einen herum wurden unglaubliche 18 Tonnen Salz verbaut und sorgen zusammen mit den Sole-Ultraschallverneblern für ein besonders angenehmes Mikroklima bei etwa 60 Prozent Luftfeuchtigkeit. Das bedeutet Ruhe, Erholung, Gesundheit und Entspannung mit jedem Atemzug.

Ein Besuch in der Salzgrotte ist vergleichbar mit einem Tag am Meer. Wer an Atemwegserkrankungen wie Asthma oder Bronchitis leidet, kennt die gesundheitsfördernde Wirkung von Sole (einer Lösung von Salzen). Aber auch immer mehr alltagsgeplagte Großstädter erkennen dies und erleben den Besuch als unglaublich angenehm, beruhigend und reinigend. Denn die Schleimhäute werden befeuchtet, und bei jedem Atemzug nimmt man wertvolle Mineralien und Mikroelemente auf. Dazu kommt, dank der reduzierten äußeren Reize, das Gefühl von Entspannung und Runterkommen. Nicht selten schlafen Besucher auch ein – was kann es Schöneres geben!

Die Sitzungen beginnen jeweils zur vollen Stunde und dauern gerade einmal 45 Minuten. Was den Besuch der Salzgrotte zudem so reizvoll für eine kurze Auszeit macht: Man kann seine normale Kleidung anbehalten und so auch ganz spontan vorbeikommen. Lästiges Umkleiden entfällt. Im Vorraum zur Salzgrotte ist ein kleiner Verkaufsraum für alles »Salzige«. Zu finden sind Kosmetika mit Salz, Fleur de Sel oder auch Salzkristalllampen. Probieren sollte man unbedingt auch das Stamperl Sole, das einem nach dem Besuch angeboten wird.

Münchener Salzgrotte · Di, Fr, Sa 9.45–19, Mi 9.45–20, Do 10.45–19, So 10.45–15 Uhr · Theresienstr. 91 · 80333 München · Tel. 089/57 95 73 42 · www.muenchener-salzgrotte.de · U-Bahn Theresienstraße

GUT für München.

München liegt uns am Herzen.

Als „Die Bank unserer Stadt" engagieren wir uns auf vielfältige Weise. Wir helfen, das Leben in München noch lebenswerter zu gestalten.

Stadtsparkasse München

sskm.de/gut

Die Bank unserer Stadt.

Jetzt wird's akademisch: die Lehrpferde der Reitschule am Englischen Garten
Speis und Trank gibt es im stilecht renovierten Ambiente der 20er-Jahre.

»Café Reitschule«:
Pferdeblick als Ausspann-Trick

Viele Münchner haben es als Oma-Café oder Schnepfen-Laden ab-gestempelt – dabei bietet das Lokal einen perfekten Mix aus zeitlosem Ambiente und guter Gastronomie. Der Hit sind natürlich die Pano-ramafenster in die Reithalle der Universitätsreitschule.

Das Café ist ein Frühstücks- und Lunchklassiker, die Preislage gehoben, die Qualität aber auch. Von außen atmet das Gebäude noch den Charme einer anderen Epoche: Seit 1927 beherbergt diese bauliche Erweiterung der tier-medizinischen Fakultät der Universität bereits ein Café, und so manche Pro-minente sollen sich die Klinke in die Hand gegeben haben, vor allem in den 1950er-Jahren, als es das größte Vergnügungs- und Bewirtungsetablisse-ment in Schwabing war. Und auch heute finden sich gelegentlich noch Pro-mis dort ein.

Am Sonntag wird es eng, wenn der Brunch mehr Gäste anzieht als sonst. Dafür gibt es dann aber Tische im Nebenraum – und zusätzliche zehn Meter Fensterfront zur Reithalle. Und die ist ja der Grund, warum man hier bei einem Kännchen Darjee-ling Royal so herrlich entspan-nen kann.

Die Reitschule hinter den Scheiben heißt übrigens wirklich Universitäts-Reitschule, ein Eh-rentitel, der ihr schon in den 1920er-Jahren von der Uni ver-liehen wurde. Man kann dort

RADIO-ARABELLA-TIPP *Der Sonntagsbruch bietet ein superleckeres Buffet. Reservieren Sie sich unbe-dingt einen Fensterplatz mit Blick in die alte Reit-halle! Ich wünsche Ihnen »an guadn«!*

Christian »Wetterhuber«

auch Stunden nehmen, aber ob das dann noch eine Auszeit ist, muss jeder für sich entscheiden. Und wem Ross und Reiter nicht die erwünschte Ent-spannung bringen, dem hilft dann der Weg auf die sonnenverwöhnte Ter-rasse mit Blick auf die Ställe, Universitätsgebäude und den Englischen Garten.

»Café Reitschule« · Mo–Sa 9–1, So 9–20 Uhr · Königinstr. 34 · 80802 München · Tel. 089/388 87 60 · www.cafe-reitschule.de · U-Bahn Giselastraße

Englischer Garten, Nordteil: Die wilde Seite

Der Himmel spannt sich blitzblau über der Isarmetropole, zu Zehntausenden fluten sie den Englischen Garten. Am Chinaturm kein Platz mehr zu finden, auf den Wegen kein Durchkommen mehr für Radler und Fußgänger. Der Südteil wird zum Wiesnzelt: wegen Überfüllung geschlossen. Nicht so der Nordteil!

Nördlich des Isarrings, wo sich der Park noch bis Freimann hinauf fast vier Kilometer weit erstreckt, bietet sich ein ganz anderes Bild. Beim »Aumeister« bekommt man problemlos einen Sonnenplatz und steht auch nicht stundenlang für ein kühles Bier an; manche Liegewiesen hat man ganz für sich allein, und am Oberstjägermeisterbach kann man gemütlich durch lichten Laubwald am Wasser entlangspazieren. 375 Hektar groß ist der Englische Garten und damit einer der größten Stadtparks der Welt. Der deutlich größere Teil liegt nördlich des Mittleren Rings. Es ist auch der naturbelassenere und beschaulichere Abschnitt. Wenn man nur wenig Zeit hat, empfiehlt sich dann allerdings eine Anfahrt mit dem Auto, denn mit den »Öffentlichen« ist der Norden nicht ganz so leicht zu erreichen.

RADIO-ARABELLA-TIPP

Wenn andere Wiesen übervölkert sind, flüchte ich mit meinen Hunden in den Nordteil. Im »Mini-Hofbräuhaus« treffen sich Hundefreunde, und es gibt leckeren Schweinsbraten!

Jochen Bendel

Gleich hinterm Ring, der seit den Olympischen Spielen 1972 eine vierspurige Verkehrsschneise durch den Englischen Garten zieht, beginnt die ruhige Hirschau, mit ihren dichten Wäldern einst Jagdrevier der bayrischen Fürsten. Der gleichnamige Biergarten ist vor allem bei Radlern beliebt, während sich Spaziergänger mit Zamperl gern unweit davon im Biergärtchen vom »Mini-Hofbräuhaus« treffen. Und wer's einsamer mag, läuft einfach weiter. Besonders lauschig sitzt man auf der kleinen Lichtung am Schwammerlweiher, aber es gibt so viele kleine Seitenwege, dass hier im Norden jeder auf der Suche nach Natur und Ruhe auf seine Kosten kommt.

Englischer Garten, Nordteil · U-Bahn Dietlindenstraße, Nordfriedhof, Alte Heide oder Studentenstadt

Hundebesitzer meets Radfahrer: Das »Mini-Hofbräuhaus« macht's möglich.

Der Inhalt macht's: Wo sich die Regale unter kulinarischen Köstlichkeiten biegen, braucht man kein edles Ambiente mehr für einen schnellen Espresso.

Spina: Industriepark
und Italien-Romantik

Da sind sich die Münchner Schickeria und der Normalbürger endlich mal einig: Italien ist schon ein besonders gelungenes Stückchen Schöpfung, kulinarisch gesehen sowieso. Da, in Italien, ist selbst ein Gewerbepark romantisch. Nur in Italien? Von wegen – das geht auch im Münchner Norden!

Dieses lässige Feeling zwischen Vespafahren im Anzug und Sonnenbrille in den Haaren, ohne dabei blöde auszusehen – fehlt dafür in München vielleicht nicht die Leichtigkeit des Seins, sondern nur eine ordentliche Bar im italienischen Sinn? Schnell rein und ein Gläschen Kühles oder ein Tässchen Heißes? Wenn man mittags beim Spina im Euro-Industriepark einkaufen gehen will, dann sieht man: Italien geht überall. Denn an der Bar hinter den Kassen stehen, im feinen Zwirn gewandet, lauter Leute Schlange, die gar nicht daran denken, sich in dem italienischen Großmarkt mit kiloweise Pomodori Pelati oder Grissini Torinesi einzudecken. Die sind nur hier, um sich eine gegrillte Piadina, einen Cappuccino oder eine Aranciata zu holen und dies am Stehtisch oder sogar am Parkplatz zu genießen.

Aber der Reihe nach: In den 1960er-Jahren kam die amerikanische Vorstellung von Gewerbepark und Einkaufsmeile für Autobesitzer nach München. Auf dem ehemaligen Bundesbahngelände eröffneten 1968 rund 40 Geschäfte – darunter auch der erste Metro-Cash&Carry-Markt. Erst inoffiziell, dann auch von den Baubehörden, wurde das Gelände Euro-Industriepark genannt. Riesige Supermärkte beherrschen die Szene, aber auch die älteste deutsche Filiale des Media Markts und die Drive-Ins verschiedener Fast-Food-Ketten: Erstaunlich vielen Münchnern sind Shoppen und Fritten Auszeit genug.

Für alle anderen gibt es Spina. Der Laden ein Schuppen aus Wellblech, drinnen stapeln sich bis an die Decke Kisten, Dosen, Flaschen: Schön ist das nicht. Aber lecker! Caprese, Antipasti, Prosciutto, Formaggi – alles vom Feinsten, und auch in kleinste Portionen umgepackt. Unter einem Banner »Orto Frutta« viel frisches Obst und Gemüse. Und halt die Bar bei den Kassen: Italien geht überall.

Feinkost Spina · Mo–Fr 8.30–18, Sa 7.30–14 · Maria-Probst-Str. 49 · 80939 München · Tel. 089/316 93 90 · www.spina.de · U-Bahn Kieferngarten, Bus 171 Paul-Hindemith-Allee

Im Luitpoldpark lässt sich gut radeln und rasten, zum Beispiel in den Liegestühlen vor dem »Bamberger Haus«.

Luitpoldpark:
Ein Hoch auf den Prinzregenten!

Geben wir's zu: Die besten Geschenke sind doch die, über die sich nicht nur der Beschenkte freut, sondern von denen man selbst auch noch was hat. Und so profitieren die Münchner heute noch von einem großzügigen Geburtstagspräsent, das sie einst ihrem Prinzregenten Luitpold machten.

Wenn ein beliebter Herrscher das biblische Alter von 90 Jahren erreicht, lässt sich eine Stadt wie München natürlich nicht lumpen. Und so wurde zu Ehren des Prinzregenten ein prächtiger Obelisk aufgestellt, zum Geburtstag am 11. März 1911 die letzte von 90 Linden gepflanzt – und drumherum ein 33 Hektar großer Park angelegt.

Und hier lässt es sich mehr als 100 Jahre später bestens ausspannen, sporteln und spazieren gehen. Im Vergleich zu anderen Münchner Parks ist dieser auch erstaunlich wenig überlaufen, selbst an sonnigen Sommertagen. Dabei gibt es jede Menge zu entdecken. Vom Scheidplatz aus schlendert man gemütlich quer durch den Park zum »Bamberger Haus«, einem neobarocken Sahnestückchen, wo man auf der Sonnenterrasse vorzüglich sitzen und speisen kann – entweder gehobene österreichische Küche oder, ganz entspannt, Pizza und Pasta. Das schön renovierte Gartenrestaurant stammt auch aus dem Jubiläumsjahr 1911; dabei wurden Fassadenelemente eines barocken Wohnhauses aus Bamberg integriert – daher der Name. In der Nähe kann man zwischen Mai und Oktober übrigens an zahlreichen kostenlosen Fitnessstunden teilnehmen. »Fit im Park« lautet die Devise, und so gibt es täglich ab 18 Uhr alles von Yoga bis Wirbelsäulengymnastik.

Jederzeit aktiv sein kann man bei einer kleinen Wanderung hinauf zum Luitpoldhügel im Norden des Parks, wo es zwei Aussichtspunkte mit Liegewiese und Bänken gibt. Von hier aus genießt man einen herrlichen Blick über die nördliche Stadtsilhouette mit Allianz Arena und Olympiaturm. Was heute so lauschig anmutet, verbirgt freilich die traurigen Überreste des Zweiten Weltkrieges. Die 37 Meter hohe Anhöhe, heute beliebter Rodelberg, war nach dem Krieg einer der drei großen Schuttabladeplätze der Stadt.

Luitpoldpark · »Bamberger Haus«: Brunnerstr. 2 · Obelisk: Eingang Karl-Theodor-Straße · 80804 München · U-Bahn Scheidplatz · www.bambergerhaus.com

Jugendstil in Schwabing: Fassaden in voller Blüte

Geschwungene Linien, florale Elemente und leuchtende Farben – quer durch München findet man herrliche Jugendstilfassaden, aber wohl nirgends in so geballter Form und so opulent wie in West-Schwabing. Bei einem Rundgang rund um die Friedrichstraße kann man sie wie in einem Freiluftmuseum bewundern.

Zur Zeit der letzten Jahrhundertwende war München eines der Zentren des Jugendstils in Europa. In Schwabing waren sie meist zu Hause, all die Literaten und Maler, Bildhauer und Architekten. Und Letztere verpassten der Stadt ein Jugendstilgesicht, das damals als revolutionär galt und das immer noch weite Straßenzüge dieses Stadtteils prägt. Schwer zu glauben, dass die heute wieder so gefeierten Jugendstilhäuser in der Nachkriegszeit lange verpönt waren. Als zu verspielt galten sie in einer Zeit, in der es um Zweckmäßigkeit beim Wohnungsbau ging und in der so manche alte Fassade von Ornamentik bereinigt wurde. Der Zeitgeist ist längst ein anderer, und so wurden die Jugendstilhäuser mittlerweile meist aufwendig renoviert.

Für eine stilgerechte Pause bietet sich das »Kaisergarten« an, ein gemütliches kleines Café mit Garten in einem schönen Jugendstilhaus in der Kaiserstraße 34.

Einen Rundgang kann man beispielsweise an der Münchner Freiheit beginnen, wo gegenüber dem futuristischen neuen Busbahnhof das vielleicht bekannteste Jugendstilhaus steht. Entworfen wurde das Gebäude mit den stilisierten Baumelementen vom Architekten Martin Dülfer, der hier, in der Leopoldstr. 77, auch selbst wohnte. Von dort aus ist es ein kurzer Spaziergang die Herzogstraße hinunter und dann rechts in die Römerstraße, in der einige wunderschöne Anwesen warten (Nr. 11, 13 und 15). Links geht es dann in die Ainmillerstraße (unbedingt sehenswert: Nr. 22 mit dem Adamund-Eva-Fries und üppigen goldenen Stuckelementen). Auch das »Pfauen-Haus« um die Ecke (Franz-Joseph-Str. 19) sollte man nicht verpassen, bevor es dann die Friedrichstraße hinunter geht – mit der wohl höchsten Dichte an edlen Jugendstilbauten in ganz München.

Jugendstil-Wohnhäuser · Herzogstraße bis Friedrichstraße · U Bahn Münchner Freiheit

Eines von vielen Jugendstil-Kleinodien – das Riess-Haus in der Ainmillerstraße 22

Mediterrane Spezialitäten bei Sancho Panza –
oder klassisch bayerisch im Wintergarten am Elisabethmarkt

Elisabethmarkt:
Bei Sisi zum Lunch

Der nach der bayrischen Prinzessin und späteren österreichischen Kaiserin Elisabeth benannte Markt ist einer von vier ständigen Märkten in München. Nicht nur die Schwabinger schätzen das ausgezeichnete Warenangebot, die entspannte Atmosphäre und den netten kleinen Biergarten.

Carl Brendel würde sich im Grab umdrehen. Der Arzt und überzeugte Abstinenzler hatte sich im späten 19. Jahrhundert für den Bau eines Milchhäusls auf dem Elisabethplatz eingesetzt und persönlich darüber gewacht, dass hier täglich ab dem Morgengrauen Milch ausgeschenkt wurde – zur »Eindämmung des Völkergifts Alkohol«. Heute ist ausgerechnet in den kleinen Pavillon an der Nordendstraße ein äußerst beliebtes kleines Lokal mit Biergarten eingezogen. An schönen Tagen, und wenn auch nur die Sonne hinter den Wolken hervorlugt, sitzen hier bei einer Augustiner-Halben Mitarbeiter der umliegenden Büros, Handwerker, Rentner und Mamas, deren Kinder auf dem angrenzenden Spielplatz toben, und blinzeln in die Sonne. Und wenn das Münchner Wetter mal wieder Kapriolen schlägt, gibt's ja auch noch das kleine Wirtshäusl. Das Essen ist übrigens ausgesprochen gut – und wer vor 12 kommt, kriegt die Weißwurst für den sensationellen Preis von 1 Euro das Stück.

Dabei hat man gerade beim Aussuchen der Brotzeit auf dem Elisabethmarkt die Qual der Wahl. Zwei Dutzend Stände sind in den kleinen Verkaufshäuschen untergebracht, die in der Nachkriegszeit auf dem zerbombten Marktgelände aufgebaut worden waren. Hier kann man sich nicht nur mit Obst, Gemüse, Biofleisch, Fisch, Käse, Brot und Blumen eindecken, sondern auch hervorragend seine Mittagspause bei den kleinen Essensbuden verbringen. Bei Susa etwa gibt es eine feine Auswahl an Suppen, daneben lockt Casa Sarda mit italienischen Panini und Pastagerichten. Bei Grenzstein kommt gute Hausmannskost wie Eintopf auf den Tisch. Und der Klassiker ist natürlich die Krustenbratensemmel der Metzgerei Weil. Am besten kommt man vor oder weit nach 13 Uhr, um den Ansturm der hungrigen Schüler aus der benachbarten Schule zu vermeiden.

Elisabethmarkt · Mo–Fr 7–19, Sa 7–14 Uhr (variiert nach Ständen) · Elisabethplatz · 80796 München · Tram 27, 28 Elisabethplatz

Alter Nordfriedhof: Sonnen-baden zwischen Gräbern

Nur Nicht-Eingeweihte stutzen, wenn innerhalb der Friedhofsziegel-mauern Jogger im Fitnessdress schnaufend ihre Runden drehen und Mamas zwischen den Gräbern ihre Picknickdecken ausbreiten und die Kleinen schon mal über die alten Grabsteine klettern. Der aufgelassene Friedhof ist eine ruhige grüne Oase mitten in der Stadt.

Bestattet wird auf dem Alten Nördlichen Friedhof schon lange niemand mehr; stattdessen ist er bei Erholungssuchenden beliebt, schließlich gibt es in der Maxvorstadt sonst keine nennenswerten Grünflächen. Und weil er zwar aufgelassen, aber eben trotzdem noch ein Friedhof ist, kann man sicher sein, dass es hier auch stets ruhig zugeht. 1868 wurde der Gottesacker an-gelegt, um Platz für mehr als 7000 Grabstätten zu bieten, von denen heute noch etwa ein Zehntel erhalten ist. Nur gut, dass aus den Plänen der Nazis nichts wurde, nach denen der Friedhof einem Prachtboulevard bis hinunter zum Königsplatz hätten weichen sollen. Der reguläre Beerdigungsbetrieb wurde daher 1939 eingestellt und auch nach dem Krieg nicht wieder aufgenommen. Und so kann man heute auf Parkbänken sitzen und das Vogelgezwitscher genießen. Oder man spaziert zwischen den Grabsteinen umher – zum Teil efeuum-rankt, zum Teil von alteingesessenen Münchner Fami-lien noch gepflegt – und bekommt beim Entziffern der Inschriften ein Bild einer längst vergangenen Zeit. Zwi-schen Lokomotivführersgattinnen, Bäckermeistern und Pferdehändlern ruhen hier auch Menschen, deren Berufe uns heute rätseln lassen. Was mag ein Geheimer Hofrat gewesen sein, ein Oberbergsdirektor oder ein Inten-danturrat? Neben den Besuchern bringen heute vor allem die vielen Tiere, die hier zu Hause sind, Leben in den alten Friedhof. Zwischen den Gräbern hüpfen Eichhörnchen herum, an vielen der hohen Pappeln sind Nistkästen angebracht, und wer Glück hat, erspäht einen Siebenschläfer oder einen Turmfalken von der nahen Josephskirche.

Ein ähnliches Ambiente findet man auch in der Isarvorstadt beim Alten Südfriedhof. Hier ist noch dazu jede Menge Münchner Prominenz bestat-tet, von Klenze bis Fraunhofer.

Alter Nördlicher Friedhof · Arcisstr. 45 · 80799 München · U-Bahn Josephsplatz

Zwischen den Grabsteinen auf dem Alten Nordfriedhof herrscht himmlische Ruhe.

Der verwunschene Garten mit seinen uralten Bäumen lädt zum Entspannen ein,
während die Stufen vor der Akademie eher zum Sehen und Gesehenwerden verführen.

Garten der Akademie: Versteckter Kunstpark

Auf den Spuren großer Münchner Maler kann man hinter der Akademie der Bildenden Künste wunderbar lustwandeln. Mitten im Universitätsviertel gibt es eine riesige Parkanlage, die so versteckt liegt, dass die meisten einfach vorbeigehen – aber das ist vielleicht auch ganz gut so.

Ein ausgesprochen gut gehütetes Geheimnis Münchens ist der traumhafte Garten der Akademie der Bildenden Künste. Seit die königliche Akademie in den Jahren 1876 bis 1885 von Architekt Gottfried von Neureuther erbaut wurde, dient die Grünanlage als offenes Atelier für Studierende und hier lehrende Künstler. In einem kleinen Gartenhäuschen waren einst sogar verschiedene Tiere untergebracht. Malergrößen wie Franz von Lenbach oder auch Franz Marc konnten sich hier, mitten in der Stadt, so von frei laufenden Tieren inspirieren lassen. Der großzügige im englischen Stil angelegte Park ist heute durch den Haupteingang der Akademie zugänglich. Er bietet viel Platz zum Spazierengehen und auch Gelegenheit, sich an dem kleinen Bächlein niederzulassen, das das Gelände durchfließt. Dabei kann man sich wunderbar ins 19. Jahrhundert zurückversetzen. Hier und da stößt man auf Relikte vergangener Tage oder auch auf Experimente junger Studenten. Das ursprüngliche Gartenhäuschen der Tiere wurde vor einiger Zeit durch einen modernen Bau ersetzt. Er ist zugleich Ausstellungsort und Unterkunft der halbjährlich wechselnden Gastdozenten – Kunstprofessor müsste man sein!

Für noch mehr Kunstgenuss: Im U-Bahnhof Universität werden in einer Galerie hinter einer riesigen Glasfront Arbeiten der Kunststudenten ausgestellt.

Die Cafeteria im Altbau bietet günstige und leckere Mittagsgerichte, der Neubau hat dafür eine herrlich ruhige Sonnenterrasse. Hier einen »Icepresso« zu genießen, sollte man sich auf keinen Fall entgehen lassen! Einmal im Jahr geben die Studenten der Akademie übrigens einen Einblick in ihre Arbeit und präsentieren diese innerhalb der sogenannten Jahresausstellung im gesamten Gebäude sowie im wundervoll verwunschenen Garten.

Akademie der Bildenden Künste, Garten · Akademiestr. 2–4 · 80799 München · www.adbk.de · U-Bahn Universität

Alles grün im Elfenbeinturm: Hinter dem Hauptgebäude der Uni kann man tief durchatmen.

Uni-Innenhöfe:
Hinterm Audimax geht's weiter

Die LMU ist weltberühmt, ihre Gebäude sind es auch: Sie bilden den Abschluss der Ludwigstraße mit prachtvollen klassizistischen Fassaden vor dem Siegestor. 1840 fertiggestellt, waren die Gebäude bald zu klein – durch zahlreiche Anbauten entstanden Innenhöfe, die heute Ruheoasen im hektischen Univiertel sind.

Als eine seiner ersten Amtshandlungen ließ König Ludwig I. 1826 die Universität von Landshut nach München verlegen. Das passende Gebäude – das erste eigens für eine Universität geplante – entstand am damals nördlichen Stadtrand, in der Maxvorstadt. Hier baute Friedrich von Gärtner ab 1835 um den heutigen Geschwister-Scholl- und den Kurt-Huber-Platz ein klassizistisches Gebäudeensemble, das die vier Säulen der klassischen höheren Bildung beherbergen sollte: Theologie, Medizin, Jurisprudenz und Philosophie – Letztere vereinigte allerlei Fächer, die im 19. Jahrhundert an Bedeutung gewannen, vor allem die Naturwissenschaften. Bald wurde es daher zu eng. Zwischen 1878 und 1906 wurde kräftig erweitert, und so entstanden die Trakte, die heute das Geviert von Adalbert-, Amalien-, Schelling- und Ludwigstraße bilden.

Zwischen dem neuen Audimax und der Aula entstand dadurch der Eulenhof (benannt nach einem Jugendstilbrunnen, der dort steht) und weiter südlich zur Schellingstraße hin der Salinenhof – der heißt so, weil das Backsteingebäude, das den Hof im Osten begrenzt, einmal die Verwaltung der bayerischen (Salz-)Bergwerke beherbergte. Einen modernen Akzent in den ansonsten klassizistischen, Jugendstil- oder simplen Nachkriegs-Fassaden bietet das Historicum, dessen Bibliothek in die Südwestecke des Salinenhofs hineinragt. Der Eulenhof hat eine Einfahrt von der Amalienstraße und der Salinenhof von der Schellingstraße, und alle Gebäude besitzen Ausgänge zu ihren Höfen; ein eingezäuntes Fleckchen Gras dient der Kinderbetreuung der Uni als Freiluftfläche.

Die Gebäude schirmen den Straßenlärm ab, Bänke und Grünflächen laden zur Pause ein, und versorgen kann man sich mit Snacks und Getränken in den umliegenden Bäckereien, Coffeeshops oder Cafeterien.

Ludwig-Maximilians-Universität, Hauptgebäude und Bibliothek ·
Mo–Fr 6.15–22.30, Sa 8–22.30 Uhr · 80539 München · www.lmu.de · U-Bahn Universität

52

Denkstätte Weiße Rose:
Von Mut und Widerstand

Man übersieht sie leicht, die Flugblätter, in Stein eingelassen, im Eingangsbereich der Universität – und auch der Raum der Erinnerung, der an den mutigen Widerstand der Studenten um die Geschwister Scholl erinnert, ist nicht so leicht zu finden. Dabei befindet beides sich genau da, wo in der dunklen Zeit des Nationalsozialismus die Flugblätter gelandet waren, die von den Mitgliedern der Weißen Rose von der Galerie vor dem Audimax in den Lichthof des Hauptgebäudes geworfen worden waren. Hinter der Marmorwand gegenüber der Haupttreppe ist seit 1997 die DenkStätte. Sie informiert über die Gruppe, deren Mitglieder ihren Mut 1943 mit dem Leben bezahlten.

DenkStätte Weiße Rose, Lichthof der LMU · Mo–Fr 10–16, Sa 12–15 Uhr · Geschwister-Scholl-Platz 1 · 80539 München · U-Bahn Universität · www.weisse-rose-stiftung.de

53

»Milchhäusl«:
Bio-Imbiss mit Kultstatus

Auf dem Weg von der Uni in den Englischen Garten führt kein Weg am »Milchhäusl« vorbei: einst Geräteschuppen der Tiermediziner, nach dem Krieg Ausgabestelle für Milch und Brot, heute beliebter Kiosk mit Mini-Biergarten. Ob Eis, Limo oder kleine Brotzeiten wie »Monaco Franzi« (ein Krusterl mit Tomate, Mozzarella und selbst gemachtem Pesto), hier gibt's nur feine Biokost. Wer nicht gleich an den Biergartentischen Platz nimmt oder das Glück hat, eine Hängematte zu ergattern, stattet sich fürs Picknick im Park aus. Das »Milchhäusl« ist aber nicht nur ein Sommerparadies. Im Winter stehen Seilbahnkabinen davor und laden bei jedem Wetter zum gemütlichen Glühweintrinken ein.

»Milchhäusl« · tägl. 10–22 Uhr · Königinstr. 6 · 80539 München · Tel. 089/517 29 71 80 · www.milchhaeusl.de · U-Bahn Universität

Bodendenkmal der anderen Art: Erinnerung an die Flugblätter der Weißen Rose

Sommer wie Winter ein beliebter Treffpunkt im Englischen Garten

Im gemütlichen »Schelling-Salon« trifft sich ganz München auf eine Partie Billard.

»Schelling-Salon«: Sport und Bier passen zusammen!

»Der Schelling-Salon bleibt sich seit Jahrzehnten treu, allem Bistro- und Weinbarwahn Schwabings zum Trotz, hat vieles und viele kommen und gehen sehen und alles und alle überlebt.« Nicht nur der Autor Rüdiger Liedtke würde Ihnen einen Besuch des Schelling-Salons nahelegen.

Der »Schelling-Salon« ist eine Münchner Institution. Was die Wirtschaft so einzigartig macht, ist die gesellige Stimmung, die alle Schichten und Altersgruppen zusammenführt. Außerdem kann man hier nicht nur trinken und essen, sondern auch Billard, Schach oder Tischtennis spielen – und das seit bald 150 Jahren! 1872 wurde er von Fridoline und Silvester Mehr gegründet und blieb seitdem immer in Familienhand. Wegen des nahe gelegenen Nordfriedhofs war das Gasthaus in seiner Anfangszeit ein beliebter Ort für den Leichenschmaus. Die eigentliche Blütezeit begann dann 1911 mit dem grundlegenden Umbau, der beide Weltkriege überstand und so bis heute erhalten geblieben ist. Im Erdgeschoss errichtete man ein elegantes Kaffeehaus im damals modernen Wiener Stil und komplettierte dies mit Leseecken, einem Zeitungsstand und mehreren Billardtischen. In dieser Zeit verkehrten hier nicht nur die Münchner Bohemiens, sondern auch viele internationale Intellektuelle. Zu den berühmten Gästen zählten unter anderem Lenin, der hier gern seinen Morgenkaffee trank, oder der kleine Franz Josef Strauß, der Bier für seine Eltern kaufte. Aber auch Brecht, Rilke, Ibsen, Ringelnatz und Kandinsky verkehrten hier regelmäßig.

Bei einem frisch gezapften Bier kann man sich gut in die alte Hochphase Schwabings hineindenken oder einfach eine Runde Billard spielen, wie einst Theodor Heuss. Seit dem Rauchverbot hat sich das eher muffige, recht verrauchte Lokal, das zeitweise auch etwas Spelunkiges hatte, am Nachmittag fast zu einer Art Familiencafé entwickelt, wo man seine Kinder in die Kunst von Billard oder Tischtennis einführen kann. Abends treffen sich hier Studenten oder Kartenspieler. Schön, dass hier alles unter einem Dach funktioniert.

»Schelling-Salon« · Do–Mo 10–1 Uhr · Schellingstr. 54 · 80799 München · Tel. 089/272 07 88 · www.schelling-salon.de · Tram 27, Bus 154 Schellingstraße

»Café Vorhoelzer Forum«: Dem Himmel so nah

Eigentlich ist das »Vorhoelzer Forum« in der Dachetage des Architektur-instituts der TU kommunikative Schnittstelle für Studenten und Dozenten und Transferstelle zu Stadt und Wirtschaft. Dank der lockeren Atmosphäre und vor allem des grandiosen Blicks von der großen Terrasse weit über die Dächer der Stadt und an guten Tagen sogar auf die Alpen hat sich das Café des Instituts inzwischen auch außerhalb des Uni-Umfelds herumgesprochen. Jeden Samstag und Sonntag ist von 9 bis 14 Uhr großer Brunch, der günstig und so beliebt ist, dass sich ab neun schon Schlangen vor dem Aufzug bilden. Abends spielen manchmal DJs oder Bands, dazu gibt's je nach Saison Glüh-wein oder Bier.

»Café Vorhoelzer Forum« · Sept.–April 9–21, Mai–Aug. 9–22.30 Uhr · Raum 5170, Arcisstr. 21 · 80333 München · Tel. 0163/152 47 58 · www.vf.ar.tum.de/cafe · U-Bahn Theresienstraße

Skulpturenpark der Pinakotheken: Freiluftkunst

Das Museumsareal beheimatet einige der besten Kunstsammlungen der Welt. Wenn man aber keine Zeit für oder keine Lust auf einen Museumsbe-such hat, locken die weitläufigen Rasenflächen zwischen den drei Pinako-theken mit Kunst im Freien. Man braucht keine Eintrittskarte, und es reicht auch schon eine halbe Stunde für einen entspannten Kunstrundgang der flanierenden Art. Auf den Wiesen entlang der Theresien- und der Barer Straße, wo bei schönem Wetter Studenten zwischen den Vorlesungen in der Sonne liegen oder Fußball spielen, stehen mehr als ein Dutzend mächtige Plastiken berühmter Künstler wie Henry Moore, Eduardo Chillida und Fritz Koenig.

Skulpturenpark · zwischen Alter Pinakothek und Pinakothek der Moderne · Theresien- /Ecke Barer Straße · 80333 München · Tram 27, 28 Pinakotheken

Theatinerkirche, Alter Peter und Frauenkirche – alles im Blick von hier oben
Ein kurzer Moment für die Kunst: monumentale Moderne vor der Alten Pinakothek

»Ballabeni«: Schoko-Ingwer zum Probieren, bitte!

Wer die Menschen zielstrebig die Theresien- oder Türkenstraße in Richtung Kunstareal laufen sieht, mag denken, dass sie einer Portion Kultur entgegeneilen. Dabei geht es vielen »nur« um eine Portion Eis bei »Ballabeni«. Das aber wird äußerst kunstvoll hergestellt – und schmeckt sensationell.

Die langen Schlangen, die sich an sonnigen Tagen vor dem kleinen Ladenlokal schräg gegenüber dem Museum Brandhorst bilden, lassen schon vermuten, dass dies keine gewöhnliche Eisdiele ist. Dabei ist die Auswahl mit einem Dutzend Sorten eher bescheiden. Irgendwelche Extras wie Eiskaffee oder gar Eisbecher mit Schirmchen sucht man hier auch vergeblich. Es gibt einfach nur Eis, ganz ohne Schnickschnack. Giorgio Ballabeni, der Eismeister aus Padua, hält übrigens nichts vom Schlecken, weil man da nicht sieht, was man isst. Also wird das Eis ausschließlich im Waffelbecher verkauft.

Wer gern einmal hinter die Kulissen blicken möchte, dem sei ein Besuch in der futuristisch anmutenden Ballabeni-Eiswerkstatt (Seidlstr. 28) empfohlen.

Auch Tische und Stühle sucht man vergeblich. Wer Glück hat, ergattert ein Plätzchen auf einer der zwei Bänke, aber die meisten löffeln ihr Eis einfach im Stehen auf dem winzigen Platz vor dem »Ballabeni«. Die Chancen stehen eh hoch, dass man in der Schlange Bekannte trifft und ins Plaudern kommt. Wer's ruhiger mag, nimmt sein Eis mit hinüber und sucht sich ein Platzerl auf der großen Wiese vor den Pinakotheken.

Zwischen 3000 und 5000 Kugeln werden an einem heißen Tag verkauft, von klassischen Sorten wie Schokolade und Haselnuss bis zu exotischeren Kombinationen wie Zitrone-Basilikum oder Milch-Feige-Walnuss. Und weil die Entscheidung schwerfällt, lässt man sich gern eine weitere Sorte als großen Probierklecks auf dem Löffel dazugeben. Neben dem zart schmelzenden *fior di latte*-Eis auf Sahnebasis gibt es auch köstliche Sorbets. Gerade hier zeigt sich die hohe Kunst des Eismachens, denn man schmeckt reine Frucht und nicht nur pappige Süße. Kein Wunder, experimentiert der Meister doch auch mit drei verschiedenen Zuckersorten und Honig – und natürlich ohne Aromastoffe.

»Ballabeni« · Mo–So 11.30–22.30 Uhr · Theresienstr. 46 · 80333 München · www.ballabeni.de · Tram 27/28 Pinakotheken, U-Bahn Universität

Höchste Kunst für Schleckermäuler:
Gegenüber vom Museum Brandhorst erfreut Giorgio Ballabeni mit feinsten Eiskreationen.

Im »Café Katzentempel« geht es auf Tuchfühlung mit Stubentigern.

»Café Katzentempel«:
Zu Gast am Katzentisch

Die Wissenschaft hat erwiesen, was eh schon alle wussten: Eine Katze zu streicheln, ist ideal zum Stressabbau. Denn das genüssliche Schnurren wirkt beruhigend und senkt den Blutdruck. Und wer keinen Stubentiger zu Hause hat, kommt eben zum Entspannen ins »Café Katzentempel«.

Gizmo, Ayla, Jack, Balou, Robin und Saphira – die sechs Katzen sind die Stars in diesem Café in der Türkenstraße, übrigens Deutschlands erstem Katzencafé. Die vielen Körbe, Podeste und Kratzbäume mit Liegeflächen zeigen auch sofort, wer hier daheim ist und den Ton angibt. Denn das Café ist kein Streichelzoo, sondern die Tiere bestimmen selbst, ob, von wem und wie lange sie liebkost und bespielt werden wollen. Eine Streichelgarantie gibt es also nicht. Vormittags und mittags, wenn die Sonne durch die großen Fenster scheint, stehen die Chancen extrem hoch, dass sich einige der Stubentiger auf den gepolsterten Fensterplätzen rekeln und dann gern auch berühren lassen. Aber auch sonst sind die sechs, die übrigens alle von der Vermittlungsstelle Rassekatzen in Not stammen, neugierig und meist verschmust und genießen die Aufmerksamkeit sichtlich. Und wenn es ihnen doch einmal zu viel wird, gibt es hinter einer Katzenklappe für sie einen Rückzugsraum. Streng getrennt ist natürlich auch die Küche, damit sich da nicht etwa Katzenhaare in die Suppe verirren. Es kann aber freilich mal passieren, dass ein neugieriger Racker auf den Bambustisch springt, um das eben Servierte zu inspizieren. Dann darf man ihn selbstverständlich freundlich, aber bestimmt in die Schranken weisen. Umgekehrt stehen in der Speisekarte auch kleine Benimmregeln, etwa dass man das Tier nicht am Schwanz ziehen oder mit Blitz fotografieren soll. Schließlich sind unter den Gästen neben den vielen Studenten auch Mütter mit begeisterten Kleinkindern. Die Speisekarte ist auch sonst erwähnenswert, denn hier wird aus Überzeugung ausschließlich vegan gekocht und gebacken. Nur den Kaffee gibt es dankenswerterweise außer mit Soja-, Hafer- und Macadamiamilch auch mit normaler Bio-Kuhmilch.

»Café Katzentempel« · Mo–Fr 11–20, Sa 10–20, So 10–18 Uhr · Türkenstr. 29 · 80799 München · Tel. 089/20 06 12 49 · www.cafe-katzentempel.de · U-Bahn Universität, Tram 27, 28 Pinakotheken

Der Urelefant begrüßt die Besucher des Paläontologischen Museums.

Paläontologische Sammlung:
Auszeit bei Sauriern

Wie wäre es einmal mit einer kurzen Pause in der längst vergangenen Vergangenheit? Das Münchner Paläontologische Museum ist zwar längst nicht so groß wie das Berliner Naturkundemuseum oder das Senckenberg in Frankfurt – dafür aber kostenlos, übersichtlich sowie zentral und hübsch gelegen.

Das Prachtstück des Museums ist das gut erhaltene Skelett eines Urelefanten, umringt von den Überresten einiger Kleinsaurier – und über allem schwebt ein Flugsaurier. Die sind sehr beeindruckend arrangiert in dem Atrium des Gebäudes in der Richard-Wagner-Straße, das nicht nur ein Museum ist, sondern vor allem ein Gebäude der Universität, in dem eben die Paläontologie samt der Staatssammlung für Paläontologie und Geologie untergebracht ist. Was für die Angestellten dort also Arbeit ist – nicht zuletzt wegen der vielen Museumsbesucher, die die Exponate vor den Bürotüren bestaunen –, eignet sich bestens zur Stippvisite in der Urzeit.

Wen nach so viel Urzeit gegenwärtiger Appetit überkommt, der wird im benachbarten idyllischen »Hansa-Garten« versorgt, in der Brienner Str. 39 (Mo–Fr 11–15 Uhr).

Nicht weit vom Königsplatz gelegen, wurde das Gebäude um die Wende zum 20. Jahrhundert als Kunstgewerbeschule gebaut. Der Entwurf des gesamten Ensembles im Stil des Späthistorismus stammt von Leonhard Romeis, und die Richard-Wagner-Straße ist an sich schon einen Besuch wert. Im Museum sollte man die Treppen hinaufgehen, damit der Blick ins Erdgeschoss die richtige Perspektive gibt. Allenthalben blickt der gestrenge Charles Darwin von den Wänden und erinnert daran, dass die Evolution nie eine Auszeit nehmen konnte – und oben auf den Galerien ist auch der heimliche Star der Ausstellung zu bewundern, winzig klein und in einer Kalksteinplatte aus Solnhofen für die Ewigkeit gefangen: *Archaeopteryx bavarica*, der bayerische Urvogel. An jedem ersten Sonntag führen Wissenschaftler durch die Exponate, und die Freunde des Museums organisieren ein Kinderprogramm.

Paläontologisches Museum · Mo–Do 8–16, Fr 8–14 Uhr · Richard-Wagner-Str. 10 · 80333 München · Tel. 089/21 80 66 30 · www.palmuc.de · U-Bahn Königsplatz

60 Lenbachhaus: Zu Besuch beim Malerfürsten

Die Städtische Galerie im Lenbachhaus hält nicht nur eine grandiose Kunstsammlung, sondern auch einen wunderbaren Garten für eine stille Auszeit bereit. Im goldenen Kubus nebenan kehrt man im »Ella« ein und genießt von der Terrasse aus den Blick auf die Propyläen.

»Malerfürst« **Franz von Lenbach bewies** einen ausnehmend guten Sinn für eine Traumvilla in Bestlage, als er diese im späten 19. Jahrhundert in unmittelbarer Nähe des Königsplatzes errichten ließ. In der Nachbarschaft: Richard Wagner und Graf Schack. Auch die Verkehrslage war optimal – die Villa stand an der Straße, die von der königlichen Residenz nach Schloss Nymphenburg führte. Zusammen mit Architekt Gabriel von Seidl entwarf Lenbach eine Villa im toskanischen Stil. Das Ensemble mit Wohn- und Ateliertrakt, Freitreppe, Säulen, Loggien und eingelassenen Stuckreliefs verzaubert Besucher noch heute. Vor allem der verwunschene Garten im italienischen Renaissancestil mit plätscherndem Springbrunnen ist eine echte Oase. Hier lässt man die staubige Steinwüste des Königsplatzes hinter sich und taucht ein in ein grünes Idyll, in dem Rosen ranken und Vögel zwitschern.

Seit ein paar Jahren ist die historische Künstlervilla, die seit 1929 als Museum fungiert, durch einen großen Kubus des Stararchitekten Norman Foster erweitert worden. Der mit Bronzerohren verkleidete Neubau schimmert neben dem ockerfarbenen Altbau – ein stimmiges Ensemble. Davor erstreckt sich die große Terrasse des Restaurants »Ella« (benannt übrigens nach Gabriele Münter, der großen Dame des »Blauen Reiter«), wo man italienische Küche, leckeren Kuchen und einen großartigen Blick auf die Propyläen genießt. Und weil all das so einladend ist, sollte man sich eine Jahreskarte fürs Lenbachhaus gönnen. Für gerade einmal 20 Euro hat man ein Jahr lang Eintritt in die Sammlung und alle Sonderausstellungen. Also vielleicht einfach mal von der U-Bahn auf einen Sprung im zum Museum gehörenden Kunstbau vorbeischauen oder sich für eine ruhige halbe Stunde in den Garten setzen.

Städtische Galerie im Lenbachhaus · Di 10–20, Mi–So 10–18 Uhr · Luisenstr. 33 · 80333 München · Tel. 089/23 33 20 00 · www.lenbachhaus.de · U-Bahn Königsplatz

Kurzausflug in die Toskana: der schöne Garten des Lenbachhauses

Die Granitplatten der Nazizeit sind wieder dem klassischen Entwurf gewichen.
An lauen Sommerabenden sitzt man herrlich auf den Stufen vor der Glyptothek.

Königsplatz:
Schnell mal nach Athen

Dorisch, korinthisch, ionisch – was jeder noch aus der Schule über klassisch-griechische Architektur in Erinnerung hat, gibt es auf dem Königsplatz zu sehen, wo der Griechenland begeisterte König Ludwig I. nach dem Vorbild der Akropolis sein »Isar-Athen« bauen ließ: herrlich zum Sonnen und Ausspannen!

»Philhellenisten« **ist das Wort,** das Historiker für solche Leute verwenden: Ludwig I. war schon als Kronprinz begeistert von Griechenland, unterstützte den »griechischen Freiheitskampf«, der zur Loslösung vom Osmanischen Reich führte, und 1832 wurde sein zweitgeborener Sohn Otto erster König von Griechenland. Ludwig I. sammelte von Jugend an antike Skulpturen. Für diese gab er, gerade mal 20, ein Museum in Auftrag, den Auftakt eines Platzes am Ende der Brienner Straße: Von 1806 bis1830 baute Leo von Klenze die Glyptothek. 1838 folgte die Antikensammlung als gegenüberliegendes Pendant durch Georg Friedrich Ziebland. Als sie 1848 fertig wurde, musste Ludwig I. bereits als König zurücktreten. Als Privatmann finanzierte er noch den Bau des Abschlusses des Platzes nach Westen, die Propyläen, wiederum durch Klenze, die 1862 fertig waren – zeitgleich mit der Absetzung von Otto als König von Griechenland.

Wunderschön sind Innenhof und Café der Glyptothek. Das Café kostet einen Euro Eintritt – ohne Museumsbesuch: Da lohnt die Jahreskarte für 2,50!

Der Königsplatz hat noch mehr Geschichten in der Geschichte zu bieten – darunter auch dunkle Zeiten als liebster Aufmarschplatz der Nationalsozialisten, wo Adolf Hitler alljährlich ein Erinnerungsritual an seinen gescheiterten Putsch abhalten ließ; dafür waren die Grünflächen mit 20 000 Granitplatten abgedeckt worden, die bis in die 1990er-Jahre eine düstere Atmosphäre erzeugten, ehe die ursprüngliche, heitere Anlage wieder hergestellt wurde. Seither eignet sich der Platz wieder für Großveranstaltungen, aber eben auch für das Freizeitbedürfnis der Münchner und als Picknickplatz für Touristen, die auf den Steintreppen und Wiesen in der Sonne relaxen.

Antike am Königsplatz · Di–So 10–17 Uhr (Mi, Do 20 Uhr) · 80333 München · www.antike-am-koenigsplatz.mwn.de · U-Bahn Königsplatz

»O'pflanzt is!«:
Ein Garten für alle

Gartenarbeit entspannt und ist ein guter Ausgleich zum Alltag. In der Erde graben, Blumen gießen, Unkraut zupfen, das kann durchaus etwas Meditatives haben. Nur haben die meisten Städter nun mal keinen Garten. Für die aber gibt es den Gemeinschaftsgarten »O'pflanzt is!«.

Gärtnern ist wieder in Mode, nicht zuletzt weil immer mehr Menschen genau darauf achten, was bei ihnen zu Hause auf den Teller kommt, und das sind immer häufiger Gemüse, Obst und frische Kräuter. Die wenigsten Münchner verfügen über einen Garten, selbst einen Balkon können viele nicht ihr Eigen nennen, für Kleingärten gibt es lange Wartelisten. Und wenn es dann trotzdem im grünen Daumen juckt? Dann nichts wie ab ins Niemandsland an der Schwere-Reiter-Straße, an der Grenze zwischen Schwabing und Neuhausen, genau gesagt zum Gartengelände von »o'pflanzt is!«. Auf einem 3000 Quadratmeter großen Gelände, das für das Pressezentrum der Olympischen Spiele 2018 vorgesehen war, ist ein einzigartiger Gemeinschaftsgarten entstanden. Wie gut, dass die Brasilianer den Zuschlag für Olympia bekommen haben, denn nun wird hier mit viel Leidenschaft gegartelt oder, neudeutsch, »Urban Gardening« betrieben. Mitmachen kann jeder, es wird zusammen gepflanzt und gejätet. Und das mit so viel Fantasie, dass es auch außerhalb der wochenendlichen Gartenzeiten Spaß macht, einfach mal vorbeizuschauen und dieses herrlich bunt zusammengewürfelte grüne Idyll zu betrachten. Es gibt Tische und Stühle, um in der Sonne zu sitzen und tief durchzuatmen. In selbst gezimmerten Hochbeeten, alten Reifen und Reissäcken wachsen Kartoffeln, Kräuter und Gemüse, zwischen den Wildblumen summen eifrig Bienen aus den eigenen Stöcken umher. Nachhaltigkeit wird großgeschrieben, und trotz hoher Ansprüche müssen Interessierte nichts mitbringen außer gutem Willen und der Bereitschaft, sich auch mal die Finger schmutzig zu machen. Die Geräte und das nötige Fachwissen gibt es von der Gartengemeinschaft.

Es werden regelmäßig Workshops und Führungen veranstaltet, in denen man mehr über Heilkräuter, Gründünger oder den Bau von Hochbeeten erfährt.

»o'pflanzt is!« · Schwere-Reiter-/Ecke Emma-Ihrer-Straße · www.o-pflanzt-is.de · Tram 12, 20, 21, Bus 53 Leonrodplatz

Beim Urban Gardening werden Recycling und Fantasie großgeschrieben.

Bei Väterchen Timofej:
Ein Ort des Friedens

Am Rande des Olympiaparks, bekannt für viel Trubel, Sport und Veranstaltungen, befindet sich ein äußerst ungewöhnliches Areal. Rund um den »charmantesten Schwarzbau Münchens«, wo einst Väterchen Timofej lebte und wirkte, kann man heute andächtige Ruhe genießen.

Der Bau des Olympiageländes bis 1972 hätte um Haar das Aus für diesen besonderen, verwunschenen Ort bedeutet. Doch dann gingen die Münchner, die ihr Väterchen Timofej längst ins Herz geschlossen hatten, auf die Barrikaden. Aber der Reihe nach: Dem Russen Timofej, nach dem Zweiten Weltkrieg auf der Flucht, erschien die Jungfrau Maria und wies ihn nach München, wo er ihr zu Ehren eine Kirche bauen solle. Auf dem Oberwiesenfeld fand er den perfekten Ort – hier gab es genug Platz und Material (der Kriegsschutt wurde hier gesammelt) und niemanden, der Anspruch auf das Gebiet anmeldete. Quasi aus dem Nichts errichtete Timofej gemeinsam mit seiner Frau Natascha in mühevoller Handarbeit alles, was man heute hier entdecken kann. Zunächst eine Kapelle, später eine größere Basilika und zwei Wohnhäuschen. Dazwischen legten sie einen wilden Bauerngarten an, der sie ernährte. Aus Kernen zogen sie die heute mächtigen Obstbäume.

Die Gotteshäuser sind weder katholisch noch orthodox, sie wurden zur Vereinigung und zum Frieden für alle Christen gebaut. Timofej und seine Frau wurden für ihren unermüdlichen Fleiß, die tollen Geschichten und ihren spirituellen Rat bald stadtbekannt. Das ging bis zur besagten Sportgroßveranstaltung gut. Wie durch ein Wunder gewann aber auch hier David, nicht Goliath, und die beiden durften bleiben. Mit 110 Jahren starb Väterchen Timofej 2004 und hinterließ diesen wundervollen Ort der Stadt. Heute ist hier ein kleines Museum untergebracht – und die Kapellen stehen nach wie vor der Öffentlichkeit offen. Schlendert man die kleinen Wege entlang, dann entdeckt man, mit wie viel Liebe zum Detail alles gebaut und verziert wurde. Und man genießt die Ruhe und die außergewöhnliche Atmosphäre, die diesen Platz umgeben.

Ost-West-Friedenskirche · 10–16 Uhr · Spiridon-Louis-Ring 100 · 80809 München · Tel. 0177/876 67 01 · www.ost-west-friedenskirche.de · Bus 59 Elisabeth-Kohn-Str.

In jahrelanger Handarbeit gestaltete Natascha das Innere der Kapelle, während sich Timofej der Konstruktion widmete. Gemeinsam schufen sie dieses kleine Paradies.

Der Olympiapark bietet unzählige Möglichkeiten für Spiel, Sport und Spaß.

Olympiapark:
Ein Park – tausend Möglichkeiten

München – die grüne Stadt. Es gibt viele Gartenanlagen und die schöne Isar, die die Stadt durchquert. Allerdings bietet kein anderer Park ein so breites Angebot an Freizeitmöglichkeiten wie der des Olympiageländes. Perfekt für eine oder mehrere Auszeiten!

Das Areal des jetzigen Parks hat eine bewegte Vergangenheit. Heute eine hügelige Anlage, war das sogenannte Oberwiesenfeld einst »brettleben« und wurde als Flughafen genutzt. Nach dem Krieg karrte man hier unglaubliche zehn Millionen Kubikmeter Schutt aus der zerstörten Stadt an, die die heutige Landschaft formten. In den 1970er-Jahren kam dann unter dem Motto »Olympische Spiele im Grünen« eine sportliche Großveranstaltung nach München, die hier ein perfektes Zuhause fand. Welch ein Glück die Münchner mit dem Motto der Spiele hatten! Es entstand ein architektonisches Vorzeigeprojekt, das aus dem Schuttfeld eine attraktive Parkanlage gestaltete. Revolutionär war unter anderem die Einbindung von Grünflächen in die Sportstätten. Besonders das Dach des Stadions, das einem Spinnennetz nachempfunden ist, hob sich von allem bisher Dagewesenen ab und kreierte eine lockere, freie Atmosphäre.

Und heute haben die Münchner eine riesige, attraktive Park- und Veranstaltungsanlage. Hier gibt es genug für mindestens zehn Auszeiten zu entdecken – man muss einfach öfter herkommen! Frühaufsteher und Schnäppchenjäger können in der Parkharfe freitags und samstags beim riesigen Flohmarkt zuschlagen. Jogger und Mountainbiker nutzen gern das hügelige Gelände, um sich auszupowern. Musikfans kommen auf Hunderten Konzerten jeder Größe auf ihre Kosten. Familien leihen sich auf dem angelegten See Tret- und Ruderboote. Schwindelfreie buchen eine Klettertour auf dem Dach des Stadions. Und Gourmets genießen bei einem 360-Grad-Panorama preisgekrönte Küche im Drehrestaurant des Fernsehturms.

Für uns darf es aber gern auch mal ganz einfach sein: ein Weißbier auf der Alm des großen Schuttbergs bei sensationellem Ausblick über die ganze Stadt hinweg.

Olympiapark München · Spiridon-Louis-Ring 21 · 80809 München · Tel. 089/306 70 · www.olympiapark.de · U-Bahn Olympiazentrum

Olympia-Schwimmhalle: Sportliche Verschnaufpause

*Der Münchner Olympiapark hält viele geheimnisvolle und entspan-
nende Orte bereit – was der Verfechter der »organischen Architektur«,
Architekt Frei Otto, da auf das Oberwiesenfeld gezaubert hat, begeistert
bis heute Millionen. Ganz zentral und doch abseits des Trubels lockt
ein idealer Pausenort.*

Es waren die triumphalen Spiele des Schwimmers Mark Spitz: Der Kalifornier
holte 1972 sagenhafte sieben Goldmedaillen mit sieben Weltrekorden. Vielleicht war es ja der *genius loci* der Schwimmhalle im Olympiagelände, der
ihn so beflügelt hatte. Denn die Leichtigkeit, mit der sich die Schwimmhalle,
vielleicht noch gelungener als die Olympiahalle und das Stadion, in die Topografie des Oberwiesenfelds einfügt, ist schon atembe-
raubend: auf der einen Seite die Fensterfront, die Licht
hineinlässt und einen weiten Blick hinaus, auf der anderen Seite die Zuschauertribüne, eingeschmiegt in die
Flanke des Hügels, und über allem natürlich auch hier:
das Zeltdach aus Glas.

*Im Theatron, dem Amphi-
theater gleich nebenan,
finden im Sommer kostenlose
Konzerte statt. Ein echtes
Highlight vor herrlicher
Kulisse mit Seebühne!*

Anders als die anderen Sportstätten oder die Olympiahalle ist die gegenüberliegende Schwimmhalle öffentlich zugänglich. Die Stadtwerke betreiben seit 2007
Bad und Sauna, und für ein paar Euro kann man sich drei Stunden im olympischen Wasser tummeln; Früh- und Spätschwimmen gibt's zum Sonderpreis –
für die Sportlichen eine Auszeit par excellence.

Aber warum sich plagen, wenn man auch – ganz kostenlos – anderen beim
Sport zusehen und dabei eine Wurstsemmel verspeisen kann? Denn ein kleiner
Teil der Tribüne auf der Stirnseite der Halle ist frei zu betreten. Am Badeshop
und Ticketschalter links vorbei, und Platz genommen mit dem Panoramablick
auf die Halle, die Schwimmer und Turmspringer und das Oberwiesenfeld. Die
Luft ist schön warm vom Wasserdampf erfüllt, die Geräuschkulisse gedämpft –
fast ein Wunder, dass die paar Auszeitler, die hier immer sitzen, nicht einschla-
fen. Aber so viel Sportsgeist liegt dort halt einfach in der Luft.

SWM Olympia Schwimmhalle · Mo–So 7–23 Uhr · Coubertinplatz 1 · 80809 München ·
www.swm.de · U-Bahn Olympiazentrum

Ganz ohne nass zu werden, kann man den Schwimmern und Turmspringern zusehen.

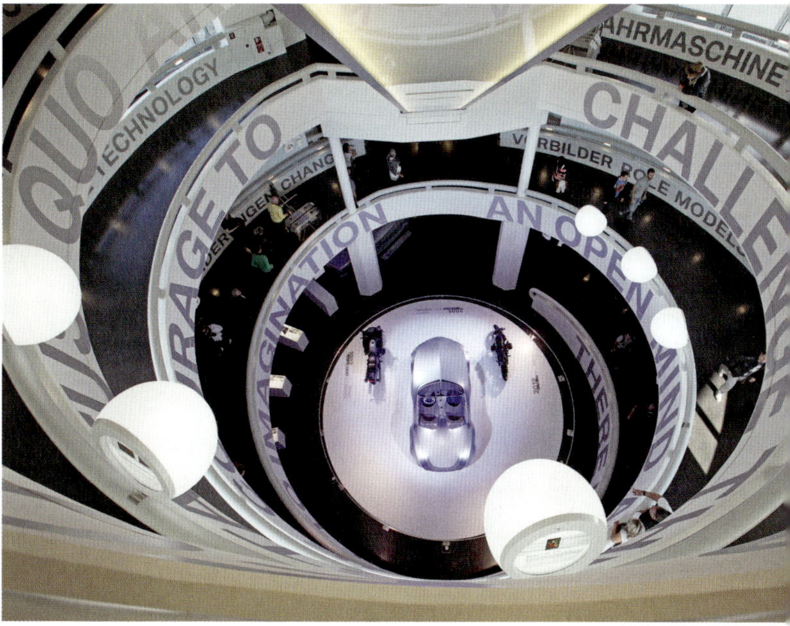

Das Schneckenlabyrinth des BMW-Museums begeistert seit vier Jahrzehnten seine Besucher, die BMW-Welt lockt mit Autos zum Anfassen und Reinsetzen.

BMW: Vom neuen träumen, die alten bewundern

Eigentlich sollen dort BMW-Käufer ihr Auto abholen, aber BMW baute gleich eine Event-Location am Rande des Olympiageländes. Drei Millionen – doppelt so viele wie Neuschwanstein – besuchen jährlich den futuristischen Spaß, in dem man Stunden verbringen kann – oder sich nur mal kurz in ein Auto setzen.

Bevor Olympia kam, war das Oberwiesenfeld BMW: Hier wurden die ersten Flugzeugmotoren gebaut, und hartnäckig pflegt der Konzern den Mythos, dass ein rotierender Flugzeugpropeller für das Logo des Konzerns Pate stand: Riesengroß und flächenfüllend prangt es auf dem Dach des BMW Museums. Das kann man nur von weit oben sehen, dem Olympiaturm etwa, aber es reicht ja eigentlich, dass jeder weiß, dass es da ist. BMW – das ist München. Und so nahm man beim Autobauer auch die architektonische Wucht des Olympiageländes sportlich, das da so organisch in die Nachbarschaft gepflanzt wurde, und antwortete als Gegenpol mit dem Verwaltungshochhaus: Der markant in Beton gegossene berühmte Vierzylinder, der grade rechtzeitig zu den Olympischen Spielen fertig wurde – und das BMW Museum, auch als Weißwurstkessel bekannt; beides Meisterwerke des Wiener Architekten Karl Schwanzer.

Im Museum gibt es historische Fahrzeuge und Technik zu bewundern. Wie in einer Wendeltreppe arbeitet der Besucher sich über schwebende Plattformen und Ausstellungsräume auf Rampen nach oben – und gelangt dann durch eine diagonal führende Rolltreppe wieder nach unten.

Die BMW Welt, 2007 auf der anderen Seite der Lerchenauer Straße eröffnet als Auslieferungszentrum der Marke, schlägt architektonisch eine Brücke zwischen den älteren BMW-Gebäuden und dem Olympiagelände. Entworfen wurde es von CoopHimmelb(l)au des Stararchitekten Wolf D. Prix, einem Schüler Schwanzers. Drinnen gibt es Multimedia-Berieselung und jede Menge Autos der verschiedenen Marken des Hauses. In die Minis und die BMWs kann man sich auch gleich hineinsetzen – bei den Rolls-Royce, hinter roten Kordeln, heißt es: erst mal nachfragen. Dazwischen Snacks, Getränke und die Gewissensfrage: träumen oder kaufen?

BMW Welt · Mo–Sa 7.30–24, So 9–24 Uhr · Am Olympiapark 1 · 80809 München · U-Bahn Olympiazentrum · Tel. 089/12 50 16 00 · www.bmw-welt.com

Borstei:
Eine Siedlung wie keine zweite

Nicht nur für Architekten lohnt ein Spaziergang durch die Borstei. Das nette Café und die wunderschön bepflanzten, fast parkähnlichen Höfe sind fast schon Grund genug für einen Besuch. Wer sich jedoch auch für die Geschichte der Siedlung interessiert, wird staunen, wie fortschrittlich und einmalig sie ist.

»**Die Wohnung festigt den Frieden in der Familie,** der das Fundament für den Frieden im Staate bildet«. Gründer Bernhard Borst war vieles: Senator, Bauherr, Architekt, Humanist, Kunstliebhaber, Visionär und auch ein bisschen Philosoph. Zwischen 1924 und 1929 baute er an der damals noch außerhalb der Stadt gelegenen Dachauer Straße eine Siedlung, bei der er seine Ideale vom modernen Wohnen und der Entlastung der Hausfrau verwirklichen konnte. So hatten schon vor 1930 alle 773 Wohnungen den Komfort einer Zentralheizung, fließend warmes Wasser, eine voll ausgestattete Küche, Parkett und ein modernes Bad. Die Anlage bot zudem Kindergärten, einen Staubsauger- und Dienstbotenverleih, 14 Ladengeschäfte, Handwerkerservice und eine Großwäscherei, die innerhalb von 24 Stunden die Wäsche schrankfertig (in Elektroautos!) lieferte. Alles, was man für ein gutes, modernes Leben brauchte.

Aber Borst ging noch weiter. Denn ein großes Anliegen waren ihm neben Komfort auch immer die Gemeinschaftlichkeit und die Künste. So finden sich in den Freianlagen – nur 20 Prozent des gesamten Geländes sind nämlich bebaut – verschiedene Skulpturen und Reliefs sowie Fresken an den Gebäuden. Außerdem organisierte er für die Bewohner Sommerfeste und Gartenkonzerte im Rosenhof sowie Kasperletheater für die Kinder. Tun Sie also, was Borst in einem Brief von 1954 seinen Mietern vorschlug und »Lassen Sie den Tag ausklingen durch einen kleinen Spaziergang oder Aufenthalt in den Gärten und benützen Sie die Bänke, um sich eine Stunde zu erholen.« Nicht verpassen sollten Sie auch die Gelegenheit, mit Borsts Tochter Line zu sprechen, die das Museum der Borstei 2009 gründete, hier auch oft selbst anzutreffen ist und gern von ihrem Vater und der Vergangenheit erzählt.

Borstei · Dachauer Str. 140 · 80637 München · Tel. 089/15 30 15 ·
www.borstei.de · Tram 20, 21 Borstei, U-Bahn Westfriedhof

Die bemalten Fassaden sind nicht die einzige Kunst in der Borstei.

68 Botanischer Garten: Gewächse aus aller Welt

Wer vom Fernweh geplagt wird, aber gerade mal Zeit für eine kleine Auszeit hat, dem sei ein Besuch im Botanischen Garten ans Herz gelegt. Hier kann man gefühlt in alle Welt verreisen, und zwar in die Pflanzenwelt der Tropen, der Wüste oder des Alpenraums, und das alles auch noch ganz wetterunabhängig.

Der Botanische Garten hat zu jeder Jahreszeit etwas Besonderes zu bieten. Gerade auch im Winter, wenn sich das Auge nach sattem Grün sehnt, kann man in den 15 unterschiedlich beheizten und belüfteten Gewächshäusern von tropischen Nutzpflanzen wie Kakao oder Tabak bis hin zu fleischfressenden Pflanzen in verschiedenen Klimazonen alles erkunden. Da die Gebäude und die Einrichtung des Botanischen Gartens hier schon seit über 100 Jahren beheimatet sind, sind auch die Pflanzen schon wunderbar eingewachsen und haben teilweise stattliches Alter. Besonders beeindruckend sind das prächtige Orchideenhaus, die Kakteenhalle mit all ihren bizarren Gewächsen und der schnelle Bambus mit genau aufgezeichneten Wachstumsstadien, dem man beim Wachsen fast zusehen kann. Alljährlich bietet das viktorianische Wasserpflanzenhaus von Ende Dezember bis Mitte März ein ganz besonderes Spektakel. Dann ziehen hier Hunderte bunter Schmetterlinge ein, die man beim Schlüpfen, Flattern und Nektartrinken beobachten kann. Mit etwas Glück landet einem einer auf der Schulter, und man kann ihn aus allernächster Nähe betrachten.

Schon beeindruckt? Auf den 21 Hektar Freifläche wartet noch viel mehr! Aufgeteilt in verschiedene Gärten, gedeiht hier von Frühling bis Herbst eine unglaubliche Farben- und Blütenpracht. Im Frühlingsgarten wachsen 50 000 Tulpen und Narzissen, bevor im Mai der Rhododendronhain blüht und im Juni die legendäre Rosenschau lockt. Darauf folgen Dahlien und Astern, die langsam, aber sicher den Herbst einläuten. Dank der insgesamt etwa 16 000 Pflanzenarten zieht der Botanische Garten nicht nur menschliche Besucher an. Er bietet zahlreichen Vögeln und Insekten einen Lebensraum und trägt beispielsweise auch zum Erhalt der bedrohten Wildbienen bei.

Botanischer Garten · Nov.–Jan. 9–16.30, Febr., März, Okt. 9–17, April, Sept. 9–18, Mai–Aug. 9–19 Uhr · Menzinger Str. 65 · 80638 München · Tel. 089/1/ 86 13 16 · www.botmuc.de · Tram 17

Der Schmuckhof am Eingang des Botanischen Gartens lässt erahnen, wie prachtvoll es hier zugeht.

Der Apollotempel am See – mit der neuen App ganz leicht gefunden!

Nymphenburger Park:
Lustwandeln 2.0

Einst nur Adeligen vorbehalten, ist die prachtvolle Schloss- und Park-
anlage heute einem breiten Publikum zugänglich – dank neuester
Technik kann das beeindruckende Denkmal der Gartenbaukunst und
wertvolle Landschaftsschutzgebiet sogar per App erkundet werden.

Für einen Parkbesuch der anderen Art gehen Sie als Erstes nicht zur nächsten Tram oder zum Bus, sondern in Ihren Appstore. Dort tippen Sie »Schlosspark Nymphenburg« ein, laden sich die kostenfreie App herunter – und los
geht's! Denn die wunderschöne und weitläufige Gartenanlage hat einfach so
viel zu bieten – es wäre schade, wenn man etwas verpasste.

In 140 Hörminuten, Bildergalerien, Animationen, Videos und Experten-
Interviews wird »Unsichtbares sichtbar gemacht«. An 23 im Park verstreuten
Stationen kann man auf Zeitreise gehen und sich die Geschichten anhören,
die sich um diese Orte ranken.
Dabei kann man einer der drei
vorprogrammierten Touren fol-
gen oder den Garten auf eigene
Faust entdecken.

So findet man uralte Bäume,
die heute Naturdenkmäler sind,
oder die im gesamten Park ver-
teilten Lustburgen: die Pagoden-
burg, Badenburg, Magdalenen-
klause oder Amalienburg. Auch

RADIO-ARABELLA-TIPP

Mein Erholungs-Mekka!
Zum Joggen führt ein
Trampelpfad an der Schloss-
mauer entlang – hier treffe
ich Läufer, aber wenig Tou-
risten. Und zum Entspannen
gibt's viele Sonnenbänke.

Moni Littel

ein Besuch des kleinen Dörfleins am südlichen Parkende lohnt sich, wo Besucher tagsüber bei den geöffneten Türen des grünen Brunnenhauses beobachten können, wie der Höhenunterschied des Geländes genutzt wird, um
die Fontäne im Gartenparterre mit Energie zu versorgen. Die Grünanlage bietet daneben auch vielen Tieren einen wichtigen Lebensraum. Wer sich hier
auf die Lauer legt, am besten in den frühen Morgenstunden, kann Rehe,
Füchse, Kaninchen, Iltisse oder auch Ringelnattern beobachten.

Schlosspark Nymphenburg · Winter 6.30–18 bzw. 17.30, Sommer 6–20.30 bzw. 21.30 Uhr ·
Tram 17 · Tel. 089/17 90 80 · www.schloss-nymphenburg.de

70

Hirschgarten: Wo einst der Kurfürst jagen ging

Er ist der größte unter den Münchner Biergärten und der mit den meisten Grünflächen drumherum. An heißen Wochenenden wandelt sich der gesamte Hirschgarten zum Volksfest und Open-Air-Grillevent. Ob Biergarten, Wasserspielplatz, Bodenschach oder Beobachten der Hirsche und Rehe: Entspannung garantiert.

Kurfürst Karl Theodor war ein unbeliebter Herrscher in revolutionären Zeiten – anders als Frankreichs Regenten allerdings zu modern für sein Volk. Dabei hat er alles versucht: 1789 ließ er den Militärgarten zum Volkspark Englischer Garten umbauen und dann den Schlosspark Nymphenburg für die Allgemeinheit öffnen. Sein erstes Geschenk an das Volk war aber schon 1784 der Hirschgarten. Das 40 Hektar große Areal hatte er vier Jahre zuvor als eingezäuntes Jagdrevier mit 100 Hirschen anlegen lassen; zunächst war dort eine Fasanerie gewesen, zwischenzeitlich hatte man sich auf dem Gelände auch erfolglos an Hopfenanbau und Seidenraupenzucht versucht. 1791 ließ Karl Theodor sogar eine Gastwirtschaft bauen. Auch dafür liebte ihn sein Volk nicht – ganz anders als deren Nachkommen, denn die Wirtschaft gibt es heute noch, sie heißt »Königlicher Hirschgarten« und bietet mehr als 8000 durstigen Kehlen Platz, größtenteils unter freiem Himmel. Und es gibt Tage, da ist kein freier Platz mehr zu finden.

Der Hirschgarten ist natürlich nicht immer so überfüllt wie an den ersten warmen Maiwochenenden, wenn der helle Bock vom Augustiner aus den Holzfässern läuft. Eines muss der Hirschgarten-Neuling unbedingt wissen: Die Selbstbedienung beginnt nicht erst beim Bier, sondern schon beim Maßkrug. Den muss man sich aus großen Schränken oder der Waschanlage holen, ehe es zur Schenke geht. Gezapft wird aus Holzfässern, die im Volksmund »Hirschen« heißen – ob die nach den im nahen Gehege beheimateten Vertretern des Damwildes benannt sind, ist nicht überliefert.

Doch der Hirschgarten ist natürlich nicht nur ein Biergarten, sondern ein Stadtpark mit herrlichen alten Bäumen und allem Drum und Dran: Grillflächen, Spielplätze, Wiesen und Wanderwege wollen erkundet werden.

Königlicher Hirschgarten · Mo–So 10–24 Uhr · Hirschgarten 1 · 80639 München · Tel. 089/17 99 91 19 · www.hirschgarten.de · S-Bahn Laim, Hirschgarten

Jede Menge Wiesen laden im Hirschgarten zum Picknicken und Faulenzen ein.
Gleich neben dem Biergarten weiden seit 1780 in einem Gehege Hirsche und Rehe.

Die Gerner Brücke spannt sich über den Nymphenburger Schlosskanal.
Schnurgerade Achsen geben den Blick frei auf das prächtige Schloss.

Nymphenburger Kanal:
Wasserspiele für Groß und Klein

Panama hat seinen Kanal seit 1914 – München schon seit 1703. Und was man da so alles machen kann: Im Herbst Karpfen abfischen, im Winter Pirouetten drehen, und rund ums Jahr drumherum spazieren, sich an der Südlichen Auffahrtsallee auf eine Bank setzen und die Nördliche bewundern – oder umgekehrt.

Kurfürst Max Emanuel ließ den Kanal anlegen, um Nymphenburg mit Wasserspielen zu versorgen; er zweigt in Pasing von der Würm ab, fließt an die drei Kilometer nach Norden und biegt dann erst nach Osten in den Park ab. Hier läuft er schnurgerade auf das Schloss zu, versorgt noch die Seen und sogar das Pumpwerk für die Wasserspiele mit Wasserkraft, teilt sich in zwei Arme, die unter den Schlossflügeln durchkommen und sich auf der anderen Seite nach dem Rondell wieder zu einem Kanal vereinigen, der dann in einem Bassin an der Waisenhausstraße endet. Dieses letzte Stück, gut anderthalb Kilometer lang, ist für die Münchner der eigentliche Nymphenburger Kanal.

Im Herbst steht für alle Münchner Wasserwege die Bachauskehr an – der Wasserspiegel wird abgelassen, um die Kanäle und Bäche zu reinigen. Beim Nymphenburger Kanal ist das ein besonderes Schauspiel. Die zahlreichen Kanalbewohner, vor allem Karpfen, werden jedes Jahr von einem anderen Anglerverein gefangen und umgesiedelt oder direkt am Kanal verkauft. Die restlichen Fische sammeln sich in kleinen Tümpeln, die beim Ablassen übrig bleiben – zwei Wochen lang wird dann geputzt und anschließend so viel Wasser wieder eingelassen, wie man für gutes Eis im Winter braucht. Denn dann beginnt die große Zeit der Eisstockschützen und Schlittschuhläufer.

Zu allen Jahreszeiten aber gibt es vor allem die Aussicht zu genießen, die schon für Max Emanuel der eigentliche Grund für den Kanal war: eine Sichtachse zu bilden auf das Schloss – von Neuhausen und der Residenzstadt München aus und umgekehrt. Heute endet die Achse am Hubertusbrunnen, der erst 1954 hierhergebracht wurde; der Blick aufs Schloss ist aber nach wie vor grandios – vor allem von der kleinen Gerner Brücke nahe des Hubertusbrunnens aus.

Nymphenburger Kanal · 80336 München · www.eisstockbahnen.de · Tram 17 Schloss Nymphenburg,
Tram 12, 16, 17 Hubertus-/Renatastraße/Romanplatz, U-Bahn Gern

Ultramodern und innen überraschend intim: die katholische Pfarrkirche Herz Jesu

Herz-Jesu-Kirche:
Die Schachtel in der Schachtel

Inmitten der gepflegten Altbauten von Neuhausen überrascht ein ultramoderner, leuchtend blauer Glaswürfel, der nicht nur zu einer architektonischen Auszeit der ganz besonderen Art einlädt, sondern auch zu Einkehr und Stille.

Der blaue Glaskubus in der Lachnerstraße ist so schlicht und reduziert in seiner Form, dass für Uneingeweihte erst einmal gar nicht klar ist, was für einen Zweck er erfüllt. Nur der etwas abseits errichtete Glockenturm, ebenfalls minimalistisch aus übereinandergelegtem Metallgewebe, lässt auf eine Kirche schließen. Die im Jahr 2000 fertiggestellte Herz-Jesu-Kirche ist in der Tat einer der ungewöhnlichsten und spektakulärsten Sakralbauten in München und perfekt für eine kontemplative Auszeit abseits vom belebten Rotkreuzplatz. Das Münchner Büro Allmann Sattler Wappner Architekten hat sich für diesen Neubau frei gemacht von den vielen Erwartungen und Traditionen, die Kirchenbauten, vor allem in Oberbayern, meist umgeben. Der 1994 abgebrannte Vorgänger war ein Nachkriegsprovisorium, bei dem ausgerechnet ein ehemaliger Kinosaal der Wachmannschaften vom Obersalzberg verbaut worden war.

An hohen Feiertagen kann die 14 Meter hohe Kirchenfront als zwei haushohe Flügeltore komplett geöffnet werden und bildet so das größte Kirchenportal der Welt.

Wer durch die Pforte des blauen Glaskastens nach innen tritt, findet sich überraschend vor einem zweiten Würfel wieder, diesmal aus hellem Ahornholz. Der schmale Raum zwischen den beiden Kuben ist als Kreuzgang gestaltet. Im Kirchenraum herrscht andächtige Stille und eine Atmosphäre der Geborgenheit. Kein Lärm dringt nach drinnen. Je nach Tageszeit und Wetter erscheint der hohe Raum in ganz unterschiedlichem Licht, das durch das opake Glas und die großen Holzlamellen hereinfällt. Diese Licht- und Schattenspiele beleben die Herz-Jesu-Kirche, die sonst fast ohne Schmuck und Ornamentik auskommt und abends zu einem magisch leuchtenden Kubus wird. Hier kann man Platz nehmen, durchatmen und den Kopf frei bekommen.

Herz-Jesu-Kirche · Mo, Mi–So 8–18 Uhr, Di 13–18 Uhr · Lachnerstr. 8 · 80634 München · www.herzjesu-muenchen.de · U-Bahn Rotkreuzplatz

131

Café »Barista«:
Nicht nur für Kaffee-Nerds

Das kleine Lokal samt Laden in Neuhausen setzt seit über 30 Jahren auf hochwertigen Kaffee und alles, was dazugehört. Der Blick durch die großen Schaufenster bleibt an den vielen Kaffeemaschinen und -mühlen hängen, die hier quer über die Fensterfront auf mehreren Regalreihen nebeneinanderstehen – silbern glänzende Objekte der Begierde, die man, wie die Bohnen, auch kaufen kann. Die mit italienischen *dolci* bepackte 50er-Jahre-Theke verträgt sich bestens mit den alten Sofas und Sesseln, wo sich die Gäste niederlassen, die ein wenig mehr Zeit mitgebracht haben. Fürs nötige Kaffee-Fachwissen bietet das »Barista« übrigens auch Seminare an.

Kaffee, Espresso & Barista · Schlörstr. 11 · 80634 München · Tel. 089/16 78 38 78 · www.kaffee-espresso-barista.de · Mo–Fr 7–19, Sa 8.30–18, So 9–18 Uhr · U-Bahn Rotkreuzplatz

»Victorian House«:
Abwarten und Tee trinken!

Das kann man besonders schön im »Victorian House«! Egal, ob man nur ein Kännchen Tee oder gleich das »Full Tea Menu« bestellt – im gemütlichen Ambiente mit karierten Ohrensesseln, dunklen Ölschinken an der Wand und einem Kamin fühlt man sich sofort ins britische Königreich versetzt. Allerdings muss man sich bei der riesigen Auswahl an Tees erst mal entscheiden können. Dazu gibt es britische Klassiker wie Scones aus Mürbeteig mit Clotted Cream (einer herrlich cremigen Zwischenform aus Sahne und Butter) oder Gurkensandwiches. Mittags und abends gibt es auch warme Gerichte, die bei schönem Wetter am besten auf der großen Sonnenterrasse schmecken.

»The Victorian House« · Mo–Sa 9.30–1, So 9.30–19 Uhr · Ysenburgstr. 13 · 80634 München · Tel. 089/18 97 55 20 · www.victorianhouse.de · U-Bahn Rotkreuzplatz

Ein charmantes Sammelsurium an italienischen Köstlichkeiten im »Barista«
Original britische Teatime in Nymphenburg. We're amused!

Hinterm Horizont geht's weiter: Blick von der Hackerbrücke Richtung Pasing

Hackerbrücke: Tief im Westen, wo die Sonne vergoldet

»Wenn bei der Hackerbrücke die rote Sonne im Gleisbett versinkt ...«, dann kommen erstaunlich viele Münchner auf eine abenteuerliche Idee: Sie setzen sich auf die Eisenstreben der Brücke, blicken versonnen nach Westen und lassen Naturschauspiel und Ingenieursbaukunst zur Industrieromantik verschmelzen.

Die heutige Marsstraße von der Maxvorstadt nach Neuhausen verrät es noch: Hier lag einmal das Marsfeld der Residenzstadt München – westlich vor dem Neuhauser Tor, wo es zu den Dörfern im Umland ging. Vor allem das winzige Laim profitierte Ende des 19. Jahrhunderts enorm vom steten Ausbau der Eisenbahn. Der damalige Central-bahnhof zog sich über etliche Kilometer hin, und am westlichen Ende wurde der Güterbahnhof angesiedelt – und das Eisenbahn-werk, das heute noch dort ist. Gut sichtbar ist auch bis heute, wie die Gleise die Stadt, die immer weiter auch nach Westen wuchs, zer-schneiden. 1870 war eine erste Brücke gebaut worden, die 1890

RADIO-ARABELLA-TIPP

Sonnenbrille, eine Kleinig-keit zu essen und trinken mitnehmen und genießen! Unter Ihren Füßen glitzern die Züge in der Abend-sonne. Da jubeln nicht nur Eisenbahnfans wie ich ...

Uli Florl

durch die heutige Hackerbrücke ersetzt wurde, benannt nach der Brauerei, die ihr Sudhaus südlich der Brücke hatte.

Ob sie schön ist oder nicht, darüber scheiden sich die Geister – die Fakten sprechen aber für sich: Es ist eine der letzten schmiedeeisernen Bogenbrücken des 19. Jahrhunderts, und in München eines der letzten Artefakte der klassi-schen Ingenieursbaukunst, erbaut von der legendären MAN, weshalb sie 1983 aufwendig saniert wurde. Wo die Verbotsschilder davor warnen, die Eisenkon-struktion zu besteigen, klettern Sonnenhungrige hinauf und bestaunen, wie der Feuerball sich in die Schneise der Gleise versenkt oder die postmodernen Gebäude touchiert, die sich am nördlichen Rand angesiedelt haben.

Hackerbrücke · 80335 München · S-Bahn, Tram 16, 17 Hackerbrücke, Tram 18,19 Holzapfelstraße · www.muenchen-zob.de

Müller'sches Volksbad:
Das Jugendstil-Juwel

1901 war es das modernste und größte Hallenbad der Welt – und ist bis heute das schönste: Karl Müller, vermögender Bauingenieur und kinderloser Sozialreformer, stiftete ein Volksbad, wurde dafür zum Ritter geschlagen, und ganz München ist bis heute entzückt und entrückt von seiner Fürsorge und Vorsehung.

Ein paar Besonderheiten des Müller'schen Volksbads kann der Münchner des 21. Jahrhunderts leider nicht mehr erleben: Seit 1989 ist das Damenbad nicht mehr für die Damen reserviert, 1979 wurde das Hundebad im Kellergeschoss geschlossen, und von den einst 86 Wannen- und 22 Brausebädern, mit denen sich nach dem Willen des Stifters das unbemittelte Volk rein halten sollte, ist auch nur ein einziges erhalten worden, nach der aufwendigen Renovierung, die sich von 1972 bis 1999 hingezogen hat. Dafür strahlt das Volksbad seither wieder im alten Glanz, und das Auge kann sich kaum sattsehen an den vielen architektonischen Zitaten, die Architekt Carl Hocheder, Erfinder des »Münchner Barock«, da in dem 1901 fertiggestellten Bau untergebracht hat. Hier ein barock anmutendes Treppenhaus, dort ein orientalisches Hamam, oder doch eher eine römische Therme, die Kuppel einer Moschee oder das Gewölbe einer Kirche?

Jenseits, oder besser diesseits architektonischer Erbauung hat das Volksbad aber natürlich vor allem Badefreuden zu bieten. Heiß geht es im römisch-irischen Schwitzbad zu, mit Warmbecken, Heißlufträumen und dem sensationellen Dampfbad: In dem riesigen Raum sorgt ein plätschernder eiskalter Kaskadenbrunnen unter der Glaskuppel für Erfrischung, wenn der stete Dampfstrahl mal zu intensiv wird. Fast schon eine Sünde, hier nur eine kurze Auszeit zu nehmen – dafür vielleicht lieber zwei Bahnen durch die kühle Herren- oder die nicht ganz so kühle Damenhalle ziehen.

Oder lieber die entspannte Variante, ohne Bad, aber dafür mit ganz viel Jugendstil und einem kühlen (oder heißen) Getränk: Das »Café im Müller'schen Volksbad« lädt im herrlichen Gastraum innen oder auch vor dem Eingangsportal zum Pausieren und Verweilen ein.

Müller'sches Volksbad · Rosenheimer Str. 1 · 81667 München · tgl. 7.30–23 Uhr (Sauna 9–23) · www.swm.de · S-Bahn Isartor, Tram 16 Deutsches Museum

Das Auge schwimmt mit: das ehemalige Herrenbecken im prächtigen Müller'schen Volksbad

Am neu gestalteten Isarufer an der Reichenbachbrücke lässt man sich gerne nieder.

Isarauen: Wo der Fluss wieder wild sein darf

Auf acht renaturierten Flusskilometern darf die Isar wieder frei durch München fließen. Und wir Städter genießen es, nah dran zu sein an Wasser und Natur und zu entdecken, wie viele Stellen immer wieder anders aussehen, weil sich der Fluss nun seinen Weg suchen kann.

Ein Mammutprojekt war es, die »Auswilderung« der innerstädtischen Isar zwischen Großhesseloher Brücke im Süden bis zum Deutschen Museum. Nach elf Jahren Arbeit und Kosten von etwa 35 Millionen Euro hat sich die vor rund hundert Jahren in ein enges Betonkorsett gezwängte Isar hier in einen Wildfluss zurückverwandelt. So aufwendig ist es nun mal, die Sünden der Vergangenheit zu tilgen. Also wurden Betonschwellen im Flussbett entfernt, steile Böschungen abgeflacht und Uferstücke abgetragen, damit der mäandernde Flusslauf an den neuen Kiesbänken arbeiten, sich verzweigen und Inseln bilden kann.

Ein Kanal ist wieder zum Fluss geworden, und es macht Freude, hier am Ufer zu sitzen und die Füße ins Wasser hängen zu lassen. Selbst Baden ist nun mitten in der Stadt in der Isar wieder erlaubt, etwa am Ostufer von der Reichenbachbrücke bis zur Mitte zwischen Reichenbach- und Wittelsbacherbrücke, östlich der Wittelsbacherbrücke oder weiter nördlich hinter der Tivolibrücke. Flache Kiesbänke laden nun überall zum Verweilen und Sonnenbaden ein. Für eine gemütliche Isar-Auszeit empfehlen sich etwa die Kiesbänke beim Müller'schen Volksbad, wo man abends den Sonnenuntergang mit Blick auf die Lukaskirche genießt. Danach geht's dann auf ein Bier und eine Bio-Brotzeit in den Muffatbiergarten. Wunderbar sitzt man jetzt auch auf den Freitreppen an der Wittelsbacherbrücke. Und am Deutschen Museum kann man mit viel Glück im neuen Biotop »Kleine Isar« sogar einen Biber beobachten. Im Zuge der neuen Naturnähe der Isar gewinnen auch einst so »tote« Ecken wie der Vater-Rhein-Brunnen wieder an Attraktivität, wenn der Kulturstrand in den Sommermonaten seine Zelte aufschlägt. Da kann man im Liegestuhl lümmeln, kühle Drinks schlürfen und den Sand durch die Zehen rieseln lassen.

Isar zwischen Ludwigsbrücke und Großhesseloher Brücke ·
z.B. U-Bahn Isartor, Fraunhoferstraße, Kolumbusplatz

Ein Tempel für Kunst und Kultur, aber auch die Gastronomie kommt nicht zu kurz.
Aus der Tuba des Erich-Schulze-Brunnens vor der Stadtbibliothek sprudelt Wasser.

Gasteig:
Hier ist immer was los

Die einen kommen wegen der Konzerte, andere besuchen hier die große Stadtbücherei und wieder andere die vielen Veranstaltungen der Volkshochschule, Ausstellungen und Vorträge. In dem riesigen Backsteinkomplex findet sicher jeder etwas nach seinem Geschmack.

Bei schönem Wetter bleibt so mancher einfach auf einer der sonnigen Bänke auf der offenen Piazza hängen. Die sonst eher triste Eingangshalle wertet »Le Copain« auf, ein kleines französisches Café. Bei einem Milchkaffee kann man dann entspannt das Gasteig-Monatsprogramm studieren und sieht gleich mal, was bei 1700 Veranstaltungen im Jahr heute so ansteht: vielleicht ein schwedischer Film mit Untertiteln im Vortragssaal, Tanz in der Black Box oder das kostenlose tägliche Mittagskonzert im Kleinen Konzertsaal (werktags um 13.15 Uhr)? Wenn gerade nichts passt, geht eigentlich immer die Stadtbibliothek. Neben den Profis, die ausgestattet mit Laptop, Wasserflasche und Energy-Riegeln die Bücherei als Basis zum Lernen für die nächste Prüfung nutzen, kann man hier auch ganz einfach entspannt schmökern.

Die großen Glasfronten zur Rosenheimer Straße hin fluten das Erdgeschoss mit Licht, und jede Menge Sessel laden dazu ein, sich mit einem Buch niederzulassen. Toll auch der Zeitschriftenlesesaal im 3. Stock, wo man sich durch Hunderte von Magazinen blättern kann. Die neuesten Ausgaben liegen immer oben auf, hinter der Klappe verbergen sich stapelweise die älteren Hefte. Oder lieber etwas Musik hören? Dann ab ins Tiefgeschoss, wo man in einer unglaublichen Fülle an CDs stöbern kann. Und die kann man nicht nur ausleihen, sondern sich auch gleich vor Ort anhören, entweder auf der gemütlichen Rundcouch mit Kopfhörern oder in einer von zehn Einzelkabinen, wo man sich auch Videos ansehen kann. Richtig cool geht es im ersten Stock beim Übergang zur Jugendbibliothek zu, wo ein paar Spielkonsolen locken. Die Chance, hier eine Partie Fußball zu spielen, sinkt freilich nachmittags, wenn die Kids die »update Lounge« erobern und sich auf den Liegen lümmeln.

Gasteig · tägl. 8–23 Uhr, Stadtbibliothek Mo–Fr 10–19, Sa 11–16 Uhr · Rosenheimer Str. 5 · 81667 München · S-Bahn Rosenheimer Platz, www.gasteig.de

Friedensengel:
Der Himmel über München

Was dem Berliner seine »Goldelse« ist, ist dem Münchner der Friedensengel. Und während die Berliner Siegessäule vom Kreisverkehr umtost ist, liegt der Friedensengel zwar hinter dem ebenfalls verkehrsreichen Europaplatz, seine Stufen laden aber zum gemütlichen Verweilen ein.

Satte 38 Meter ragt die Säule samt der sechs Meter hohen Goldfigur in den Himmel empor – ein imposantes Wahrzeichen, das auch weit isaraufwärts noch über den Baumwipfeln zu erkennen ist. Von der Terrasse und auf den Stufen zu Füßen des Friedensengels blickt man schnurgerade über die Luitpoldbrücke und die Prinzregentenstraße hinunter Richtung Innenstadt bis zum Prinz Carl Palais. Diese grandiose Aussicht ist besonders schön bei Sonnenuntergang, wenn sich der Himmel über der Stadt orange färbt. Und wenn das zarte Abendrot schließlich in ein samtenes Nachtblau übergeht, wird auch der unterhalb liegende Springbrunnen mit seinen Wasser speienden Delfinen stimmungsvoll beleuchtet. Hier sitzt man zu Füßen des Engels dem Himmel ganz nah.

RADIO-ARABELLA-TIPP

Der Wahnsinns-Ausblick über die Stadt lockt vor allem Hochzeitspaare an, deswegen wird die Terrasse am Friedensengel oft als Fotoshooting-Location gebucht.

Laura Urban

Dabei ist der ja eigentlich gar kein Engel im eigentlichen Sinne, sondern eine geflügelte Siegesgöttin, die in der rechten Hand einen Ölzweig als Friedenssymbol hält. Sie ist der Nike von Neapel nachempfunden, die man im Pompeji fand. Errichtet wurde das Denkmal 1899 in Erinnerung an den 25. Jahrestag des Frankfurter Friedens nach dem Deutsch-Französischen Krieg. Nur zweimal im Jahr wird es hier brechend voll: beim Sommerfest im Juli, wenn zehn Tage lang Livebands am Isarufer spielen, und natürlich an Silvester. Vom Friedensengel aus das Feuerwerk über der Stadt zu beobachten ist ein echter Klassiker. An den restlichen Tagen des Jahres genießt man hier Ruhe und die himmlische Aussicht.

Friedensengel · Europaplatz 1 · 81675 München ·
Bus 100, Tram 16 Friedensengel/Villa Stuck

1983 wurde der Friedensengel mit 24-karätigem Blattgold frisch vergoldet.

Die Künstlervilla ist der perfekte Rahmen für die Sammlung Münchner Geschichte.

Monacensia: Das literarische Gedächtnis der Stadt

Für einen kleinen Ausflug in die Geschichte, Kultur, Wirtschaft oder Topografie der Landeshauptstadt hält die Monacensia-Bibliothek nicht nur das nötige Material parat, sondern bietet auch noch ein besonders schönes Ambiente, um ein wenig zu schmökern.

Reisende lesen sich meist in die Geschichte ihrer Destination ein und wissen dann oft mehr darüber als über die eigene Stadt. In der Monacensia-Bibliothek kann man eine spannende Nachhilfestunde zum Thema München nehmen und sitzt dabei in einem Haus, das selbst Stadtgeschichte geschrieben hat.

Bildhauer Adolf von Hildebrand errichtete hier 1898 eine Villa, die er mit seiner Familie bewohnte und die im frühen 20. Jahrhundert zum Treffpunkt der Münchner Gesellschaft avancierte. Als die Familie 1933 nach Amerika floh, verkauften sie das Haus an Elisabeth Braun, die hier während der NS-Zeit 15 verfolgten Mitbürgern Obdach gewährte. Nach dem Krieg verfiel das Haus zunächst und wurde beinahe abgerissen. In letzter Sekunde konnte die Stadt das Anwesen 1970 erwerben, vor dem Abriss retten und unter Denkmalschutz stellen. 1977 zog schließlich die Sammlung Monacensia ins Hildebrandhaus.

Diese wurde wiederum schon 1921 gegründet und konnte ihren Grundstock von 5000 Bänden auf heute rund 130 000 Bände aufstocken. Der Name – die latinisierte Form von München – ist Programm und besteht seit den Anfangsjahren. Man findet hier eine einzigartige Sammlung von Originalmanuskripten, Drucken, Zeitungen, Biografien, Fotografien, Nachlässen berühmter Münchner, Aufzeichnungen von Reden, die hier gehalten wurden, Karten und Plänen – ein einmaliger Schatz zum Thema München.

Seien Sie einer der ersten Besucher, wenn die Monacensia im Herbst 2016 nach einer Generalsanierung wieder eröffnet, und erkunden Sie die neue Dauerausstellung zum literarischen München und dem Schriftsteller Thomas Mann. Was die Auszeit besonders schön macht: Man kann im ehemalige Atelier von Hildebrand Platz nehmen, das zum Lesesaal umfunktioniert wurde.

Monacensia-Bibliothek · Mo–Fr 10.30–18 Uhr · Maria-Theresia-Str. 23 · 81675 München · Tel. 089/419 47 20 · www.monacensia.net · U-Bahn Prinzregentenplatz

Bogenhausener Friedhof: Promis letzte Ruhestätte

Ein Friedhof als Auszeitort – was den einen gruselt, findet der andere gerade richtig, um den Kopf frei zu kriegen. Münchens ältester und kleinster Friedhof ist zugleich der berühmteste. Neben der Bogenhauser Pfarrkirche lassen sich nämlich prominente Münchner und Wahlmünchner am liebsten bestatten.

Was für Paris der Père Lachaise und der Cimetière de Montmartre oder für London der Highgate Cemetery, das ist in München der Friedhof der Kirche Sankt Georg am Isar-Hochufer von Bogenhausen. Er ist aber viel älter als die Pendants in Paris und London, die aus dem 19. Jahrhundert stammen: Seit dem 9. Jahrhundert existiert er schon und ist somit der älteste noch aktive Friedhof in München – und auch der kleinste. Anspruch auf einen der gerade mal 240 Grabplätze hat nur, wer 30 Jahre lang in unmittelbarer Nähe gewohnt hat. Oder die Stadt, der seit 1902 der nördliche Teil des Friedhofs gehört, erteilt eine Ausnahmegenehmigung für Persönlichkeiten, die sich um München verdient gemacht haben. Und so kommt es, dass dieser Friedhof eine besonders hohe Promi-Dichte aufweisen kann. Denn wer etwas auf sich hält in München und irgendwie bekannt oder gar berühmt ist, der muss natürlich hier seine letzte Ruhe finden.

So wird ein Spaziergang über die gerade mal 2000 Quadratmeter, von einer Ziegelmauer umgeben, eine Reise in die jüngste Vergangenheit von Kunst und Kultur in München. Hier gibt es die Grabstätten von Münchner Originalen wie Liesl Karlstadt, Helmut Fischer, Walter Sedlmayr oder Helmut Dietl. Und solchen, die mit München ihre liebe Not hatten, wie Oskar Maria Graf, oder deren Verdienste nicht allen gefallen, wie Josef Schörghuber. Und von berühmten Wahlmünchnern wie Erich Kästner oder Rainer Werner Fassbinder.

Noch etwas macht den Bogenhausener Friedhof aber gut für eine Verschnaufpause: Er ist ganz und gar bescheiden. Die Berühmtheiten können sich hier keine Mausoleen bauen lassen, keine wuchtigen Skulpturen aufstellen und nicht einmal ausgefallene Grabsteine. Ein schlichtes Eisenkreuz muss es tun oder eine Platte mit Inschrift.

Friedhof Bogenhausen · Mn–So 8–17 Uhr (Winter), 8–19 Uhr (Sommer) · Bogenhauser Kirchplatz 1 · 81675 München · Tel. 089/858 36 79 10 · Tram 18, Bus 54, 154, 187 Mauerkircherstraße

Die schlichten Kreuze trügen: Auf dem Bogenhausener Friedhof herrscht eine hohe Promi-Dichte.

»Daherkomma«:
Businesslunch im Klohäusl

Was erst mal seltsam klingt, ist im »Daherkomma« wunderbar möglich! Egal, ob kurze Kaffeepause oder Gourmet-Lunch – die außergewöhnliche Umgestaltung einer früheren Sanitäreinrichtung bietet sowohl für kurze als auch längere Aufenthalte eine überraschenderweise edle Atmosphäre.

Vom Ab-Ort zum In-Ort! Die Umnutzung von kleineren städtischen brachliegenden Immobilien ist ein Trend, der in München seit einiger Zeit zu beobachten ist. Wie das »Fräulein Grüneis« (siehe Kapitel 34) ist auch das »Daherkomma« in einem einstigen öffentlichen Toilettenhäuschen untergekommen – und die Leute stehen wieder Schlange!

Wüsste man von der Vorgeschichte nichts, man würde nicht im Traum darauf kommen. Bei der Kernsanierung sind eigentlich nur noch die Grundmauern und das Dach stehen geblieben. Der geschmackvoll gestaltete Flachbau wurde von außen und innen mit Holzstreben eingefasst und mit großen Fenstern versehen. Im Bistro gibt es 24 Plätze, etwa ebenso viele auf der großzügigen Terrasse draußen. Hier kann man wunderbar das Treiben auf dem Herkomerplatz beobachten, den das ehemalige Kloshäusl richtig belebt hat.

Auf den Tisch kommt im »Daherkomma« nur das Beste. Alles ist bio und immer frisch zubereitet – daher auch der Beiname »Gourmet-Bistro«. Unter dem Motto »klein, aber fein« wird alpenländische Küche aus der Region serviert. Vegetarier freuen sich über das Lausbuben-Trio aus verschiedenen Knödeln, und Karnivoren über die eigens für das Lokal kreierte Sweet-Jalapeno-Chili-Cheese-Bratwurst. Dazu werden ausgesuchte Weine und Bierspezialitäten gereicht. Ein Besuch lohnt übrigens zu jeder Tageszeit – vom Frühstück über den Businesslunch mit täglich wechselnden Menüs bis hin zum Apéro mit Tapas am Abend. Alles gibt es beim Straßenverkauf übrigens auch zum Mitnehmen – perfekt, um sich für ein kleines Picknick im angrenzenden Herzogpark einzudecken.

Und übrigens: »Da kannt ja a jeda daherkomma« gilt hier immer noch, denn die Toilette auf der Rückseite ist weiterhin öffentlich und ist wahrscheinlich die schönste der Stadt!

»Daherkomma Gourmet-Bistro & Bar« · Mo–Fr 7–24, Sa 9–24, So 9–22 Uhr · Herkomerplatz 1a · 81679 München · Tel. 089/94 37 93 28 · www.daherkomma.de · Tram 16, 18 Herkomerplatz

Einst Bedürfnisanstalt, heute schickes Bistro im Grünen mit Blick über den Herkomerplatz

Hinter diesen edlen Mauern verbirgt sich ein idyllisches Café.

Villa Stuck:
Fürstlich feiern

Das waren noch Zeiten, als man mit der Malerei so viel verdienen konnte, dass das Leben ein rauschendes Fest sein konnte, beileibe nicht nur aus Pinsel und Farben. Wie gut, dass die Villen der Malerfürsten nun jedermann offen stehen: So kann sich jeder für einen Moment wie ein Fürst fühlen.

Lenbach hatte es vorgemacht – und der erfolgreichste Nachahmer war Franz Stuck, ein Müllerssohn aus der Nähe von Passau, der um 1880 nach München gekommen war, es dort zu Wohlstand und Ansehen brachte und auch immer wieder für skandalöse Gemälde gut war; er ist eng mit dem Münchner Jugendstil und später dem Symbolismus verbunden sowie der Secession. Als Professor der Kunstakademie unterrichtete er Schüler wie Kandinsky und Klee. 1898, als gerade die Prinzregentenstraße samt Friedensengel angelegt wurde, baute er sich am Isarhochufer eine Villa im neoklassizistischen Stil, die er 1914 um ein Ateliergebäude ergänzte – beides brachte ihm später noch einen Ehrendoktor der Technischen Universität ein, wegen besonders gelungener Architektenleistung.

Erst 1992 wurde die Villa zu einem städtischen Museum umgewandelt und wenige Jahre später noch einmal gründlich saniert. Nun kann sie mit den Häusern im Kunstareal München durchaus mithalten – ist aber natürlich recht weit entfernt vom Museumsviertel in der Maxvorstadt, auch wenn die Buslinie 100 eine direkte Verbindung über die Prinzregentenstraße herstellt. Für das Museum und insbesondere das Café ist das ein Nachteil – für die kleine Auszeit aber natürlich ganz ideal. Ob im luftig-lichten Ambiente unter der grandiosen Glasdecke im Foyer oder an lauen Frühlingstagen auf der denkmalgeschützten Terrasse.

Wer exklusive Ruhe sucht oder auch ein Fest feiern möchte, kann das Ganze auch mieten. Jeden ersten Freitag im Monat veranstaltet das Museum eine Party mit Lesungen und anderen Events – es ist dann bis 22 Uhr geöffnet und der Eintritt ist frei. Dann gibt es auch den Signature-Cocktail des Cafés, benannt ganz im Sinne des Malerfürsten nach seinem berühmten Bild: Sünde!

Museum Villa Stuck · Di–So 11–18 · Prinzregentenstr. 60 · 81675 München · Tel. 089/455 55 10 · www.villastuck.de · U-Bahn Prinzregentenplatz, Tram 16, Bus 100 Friedensengel/Villa Stuck

84

Wiener Platz: Haidhauser Dorf-Idyll

Der Wiener Platz liegt am Rande von Haidhausen und ist doch das Herz dieses Viertels. Mit seinen alten Marktbuden, dem riesigen Maibaum, dem Fischerbuberl-Brunnen und an der Ostseite eingerahmt von den historischen Herbergshäuserln, hat er fast dörflichen Charakter.

Nur zehn Marktstände gibt es auf dem Wiener Markt, aber da ist für jeden was dabei: ob ein gemütlicher Morgenbeginn im Stehcafé von Margots Boulangerie, später dann vielleicht ein Eis bei Amorino, das per Spachtel in Eisblumenform gebracht wird, oder ein Glas Wein zur herben Bitterschokolade beim feinen Stand »Wein trifft Schokolade«. Viele Münchner stehen mittags gern Schlange beim Fisch-Häusl, aber auch nebenan bei der Traditionswurstbraterei Niedermeier.

Der gemütliche Dorfplatzcharakter macht den Charme des Wiener Platzes aus. Bleibt zu hoffen, dass der Markt sein Gesicht bei der geplanten Sanierung nicht verliert. Viele Haidhauser fürchten, dass er nicht mehr derselbe sein wird, wenn erst einmal die alten Standln abgerissen und durch Neubauten ersetzt werden. Ein Neuzugang, der aber bestens ins Bild passt, ist der Fischerbuberl-Brunnen im Schatten des Maibaums. Der Brunnen stand ursprünglich auf dem Viktualienmarkt und musste 2001 dem Wiederaufbau der Schrannenhalle weichen. Den Marktleuten in seinem neuen Zuhause wollte es dann nicht so recht passen, dass ihnen das nackte Kerlchen das blanke Hinterteil entgegenstreckte. Er wurde also gedreht – und das nicht nur einmal, denn keiner wollte auf den nackten Po der Brunnenfigur blicken. Irgendwann hat es dann wohl doch gepasst, und Marktbesucher sitzen nun gern am Brunnenrand. Das Wasser, das oben aus der Kugel sprudelt, ist übrigens bestes Münchner Trinkwasser.

RADIO-ARABELLA-TIPP

In den Marktstandln gibt's die nettesten Verkäuferinnen, die sich Zeit für einen Plausch nehmen und die Hektik des Alltags vergessen lassen. Immer einen Besuch wert!

Andy Karg

Wiener Platz · Innere Wiener Straße 19 · 81667 München · U-Bahn Max-Weber-Platz, Tram 16 Wiener Platz

Kaum zu glauben, dass noch in den 90er-Jahren täglich 15 000 Autos über den Wiener Platz fuhren. Heute herrscht hier eine beschauliche Stimmung, die zum Verweilen einlädt.

»Hofbräukeller«: Der Münchner liebster Biergarten

Zugegeben: Den Titel »beliebtester Biergarten« beanspruchen und verdienen so einige in München – aber der »Hofbräukeller« rangiert in den einschlägigen Wettbewerben stets ganz oben. Er liegt hinreißend hinter der Großgaststätte unter alten Kastanien; drei Stufen führen hinab von den Maximiliansanlagen, und wer an der Isar entlangjoggt und eine Pause einlegen möchte oder wer auch nur über den Wiener Platz schlendert: dem kommt der »Hofbräukeller« gerade recht. Das Bier ist süffig und wird landestypisch ab nachmittags nur als Maß ausgeschenkt. Wer es schicker mag: Das »Sausalitos« betreibt dort noch eine Cocktailbar, und im Winter wartet eine Almhütte auf Schnee.

»Hofbräukeller« · Innere Wiener Str. 19 · 81667 München · Mo–So 10–24 Uhr · Tel. 089/459 92 50 · www.hofbraeukeller.de · U-Bahn Max-Weber-Platz, Tram 16 Wiener Platz

Keramikwerkstatt: Kreativität, in Ton gebrannt

Kurz dem Alltag entfliehen und seiner Kreativität freien Lauf lassen – genau das kann man in diesem kleinen Keramikstudio. Der Ablauf ist dabei so einfach wie genial: bereits fertigen Keramikrohling aussuchen, mit einer speziellen Glasur bemalen und von der Werkstatt brennen lassen. Nach ein paar Tagen kann man dann das eigene Kunstwerk, das jetzt sogar spülmaschinenfest ist, abholen. Vom Serviettenring über Tassen und Schalen bis hin zur Butterdose gibt es für jeden Anlass und Geschmack das Richtige. Wer nur ein Teil bemalt, schafft das locker in einer halben Stunde. Die fertigen Produkte sind auch tolle Geschenke mit individueller Note!

KeramiKunst und Pinselstrich · Mo 14–18, Mi, Do 14–20, Fr 11–20, Sa 11–18, So 11–16 Uhr · Sedanstr. 18 · 81667 München · Tel. 089/61 46 89 90 · www.keramikunst-pinselstrich.de · U-Bahn Rosenheimer Platz

Im »Hofbräu« geht alles: Biergarten klassisch oder Cocktails mit Strandfeeling.
Hier kann man sich kreativ austoben – das wollen hin und wieder auch Erwachsene!

Preysingstraße:
Das Dorf in der Stadt

Dass München sich als »Millionendorf« feierte, ist eine Weile her. Jetzt muss man schon genauer hinschauen, um letzte Überbleibsel der dörflichen Herkunft im Stadtbild zu finden. Am östlichen Ende der Preysingstraße in Haidhausen reibt man sich allerdings die Augen: Stadt? Wo ist hier eine Stadt?

Historisch gesehen ist München eher jung. Als Heinrich der Löwe die Stadt gründete – er suchte einen Ort für eine Zollbrücke, die er den Freisingern hatte abreißen lassen – wählte er ein Kloster zwischen den Dörfern Schwabing und Sendling: ad Munichen, bei den Mönchen. Gegenüber, auf der anderen Seite der Isar, lag das Dorf Haidhausen. Im 19. Jahrhundert wurden die Dörfer, die alle schon um 800 urkundlich erwähnt waren, eingemeindet, und der Bauboom sorgte für gründerzeitliche Wohnviertel, Neugotik und Jugendstil, die München so prägen.

Bis in die Preysingstraße kamen die Baulöwen allerdings nicht – denn die war die private Auffahrtsallee vom Gasteig bis zum Schloss der Grafen von Preysing. In der Gegend hatten sich ansonsten nur Tagelöhner angesiedelt, die in schäbigen Herbergen hausen mussten. Zwei davon stehen noch, dort, wo die Preysingstraße die Stadt zu verlassen scheint. Die Nummer 58 ist das Üblacker-Häusl, das der Verein Freunde Haidhausens in den 1970ern vor dem Abriss rettete und mit einem kleinen Museum versah. Gegenüber, in der Nummer 71, hat der Alpenverein seine Geschäftsstelle – das »Kriechbaumhof« genannte Holzhaus sieht aus wie ein Berghof, stand als Herberge aber ursprünglich nur wenige Hundert Meter entfernt.

Am Ende der Straße existiert noch das Portal des Preysing'schen Schlosses – das Schloss selber wurde in eine Schule umgewandelt, heute das Edith-Stein-Gymnasium, und auf dem Gelände wurde noch die Katholische Stiftungsfachhochschule angesiedelt, nebst einiger Studentenwohnheime. Dorfluft schnuppern lässt sich im Garten der Kindertagesstätte (Nr. 62), im Restaurant »Preysinggarten« (Nr. 69), in der Gaststätte »Zum Kloster« (Nr. 77) oder ganz am Ende der Straße im »Stehcafé am Eck«.

Preysingstraße 69–83 · 81667 München · www.freunde-haidhausens.de ·
U-Bahn Max-Weber-Platz, Tram 15, 19, 25 Wörthstraße

Giesinger Bräu:
O'zapft is am Giesinger Berg

Auch München hat seine Garagenfirma, die nach Weltruhm strebt – kaum verwunderlich, dass es sich dabei um eine Brauerei handelt, die 2006 in einem Giesinger Hinterhof ihren Anfang nahm. Seither ist das Giesinger Bräu kräftig gewachsen, an den Giesinger Berg gezogen und bietet ein zünftiges »Bräustüberl«.

Das sind so die Geschichten, die München leuchten lassen: Da kommt einer aus Mecklenburg-Vorpommern, Steffen Marx heißt er, lässt sich in München nieder und hat 2006 beim Biergartenbesuch mit einem befreundeten Brauer die, wie er selbst sagt, Schnapsidee, eine Stadtteilbrauerei aufzumachen. Und hat damit umgehend Erfolg. Denn das ist natürlich gar keine Schnapsidee: Die Münchner Brauereien mit Weltruf sind einfach zu groß, um sich mit ihnen noch so richtig heimisch zu fühlen. Und außerdem gehören sie längst nicht mehr den Münchnern, sondern sind Teile von Großkonzernen – mit der Ausnahme von Augustiner, die noch eine Privatbrauerei ist und vermutlich deshalb in München auch am erfolgreichsten ist. Steffen Marx hat aus diesem Umstand nicht nur die richtigen Schlüsse gezogen, sondern das auch in sein Marketing integriert: Das Giesinger Bräu, so lässt er auf allen Kanälen verkünden, ist Münchens zweitgrößte Privatbrauerei.

Das war sie eigentlich auch schon, als in der Giesinger Garage 200 Liter Giesinger Erhellung pro Woche aus dem Kessel liefen. Als es dann 40 Hektoliter die Woche waren, musste ein Umzug ins Auge gefasst werden. Seit 2014 wird am Giesinger Berg gebraut, und das »Bräustüberl« wuchs von 15 auf 60 Plätze. Der Schweinsbraten kommt gut an, das Bier sowieso – sechs der derzeit 14 Sorten werden frisch gezapft. So erweitert der Giesinger-Bräu-Chef sachte seinen Traum einer Verbindung von Brauerei und Gastlichkeit und hat die Öffnungszeiten entsprechend angepasst. Im Nebenraum der Garage in Untergiesing war früher einmal – ganz spezifisch im Stadtteil der Münchner Löwen – um 18.60 Uhr Schluss. Jetzt geht es bis nachts um elf, und immer montags heißt es: »Giesinger trifft Giesinger in Giesing im Giesinger mit Giesinger«. Einfach giesing.

Giesinger Biermanufaktur · Mo–Do 11–23, Fr, Sa 11–24, So 10–22 Uhr · Martin-Luther-Str. 2 · 81539 München · Tel. 089/55 06 21 84 · www.giesinger-braeu.de · U-Bahn Silberhornstraße

Planetenweg:
Per pedes durch die Galaxis

Im Deutschen Museum wird der Sternenhimmel über München täglich in die Kuppel des Planetariums projiziert. Aber die unvorstellbaren Weiten des Universums werden einem erst draußen, auf dem Planetenweg an der Isar in Richtung Tierpark, richtig bewusst: jeder Schritt eine Million Kilometer!

Im Innenhof des Deutschen Museums bildet eine Säule mit einer goldenen Sonnenkugel den Ausgangspunkt dieses Spazierwegs. Auf dieser Tour wird jeder Planet mit einer Infotafel markiert und unser Sonnensystem maßstabsgetreu abgebildet. Von der Sonne zum Merkur sind es nur ein paar Schritte bis zur Tordurchfahrt. Die Venus kommt dann schon auf der Zenneckbrücke und die Erde an der Ecke zur Zeppelinstraße. Ab jetzt geht es an der Isar entlang, und wenn man erst mal nach knapp 180 Metern Entfernung zur Sonne den Mars hinter sich gelassen hat, werden die Abstände deutlich größer. Wir bewegen uns jetzt durch die Weiten des Weltalls. Es heißt also Augen offen halten, um keinen Planeten zu verpassen. Auf dem größten Planeten unseres Sonnensystems, den Jupiter, stößt man gleich hinter der Corneliusbrücke; Saturn findet man 100 Meter hinter der Reichenbachbrücke. Nach einem halben Kilometer durch die renaturierten Isarauen, kurz vor der Braunauer Eisenbahnbrücke, kommt dann der Uranus. 3,5 Kilometer entfernt vom Innenhof des Deutschen Museums, die Kiesbänke am Flauchersteg schon in Sichtweite, schließlich der Neptun.

Als der Planetenweg vor mehr als 20 Jahren angelegt wurde, galt Pluto auch noch als Planet, sodass die letzte Tafel beim Eingang zum Tierpark zu finden ist. Aber nachdem Pluto vor einigen Jahren der Planetenstatus aberkannt wurde, kann man jetzt in weniger als einer Stunde eine Reise zu allen acht Planeten unseres Solarsystems machen. Die Infotafeln geben nicht nur Auskunft über die jeweiligen Planeten, sondern stellen diese auch maßstabsgerecht dar, sodass man ein echtes Gefühl dafür bekommt, wie gigantisch groß unser Sonnensystem ist, aber das wiederum nur ein Staubkorn in den Weiten des Weltalls. Das ist eine Auszeit, die erdet.

Planetenweg · Innenhof des Deutschen Museums bis kurz vor dem Flaucher bzw. bis zur Thalkirchener Brücke (4,6 km) · S-Bahn Isartor · www.deutsches-museum.de

Wo die Sonne aufgeht im Innenhof des Deutschen Museums, da beginnt der Planetenweg.

Die vielen bunten Farben zeigen schon, dass man hier fast alles bekommt.

Reichenbach-Kiosk:
Einer für alles und alle

Wo sich an warmen Tagen von frühmorgens bis frühmorgens am nächsten Tag meterlange Schlangen bilden, klar – das kann kein gewöhnlicher Kiosk sein. Das schöne kleine Häuschen direkt neben der Isar ist längst eine Institution und sorgt dafür, dass die Münchner rund um die Uhr versorgt sind.

Noch schnell die Morgenzeitung holen? Keine Milch mehr zu Hause? Zigarettenschachtel leer? Lust auf ein Eis? Eben an der Isar das letzte Bier weggezischt oder an einer Glasscherbe geschnitten? Nächtlicher Hungeranfall? Richtung stadtauswärts vor der Reichenbachbrücke gelegen, hat dieser Kiosk alles, was man zum Leben braucht oder was dieses besser macht. Für einen Kiosk ist er relativ groß, für einen Supermarkt zu klein. Dafür überrascht das Angebot von mehr als 2000 Artikeln umso mehr. Und bei der Bierauswahl mit sage und schreibe 120 verschiedenen internationalen Sorten muss erst mal einer mithalten können! In der großen Glasvitrine werden wechselnd verschiedene Biersorten ausgestellt. Das ist zum einen Inspiration zum Kauf, zum anderen aber auch ein witziger Zeitvertreib, während man in der oft viele Meter langen Schlange steht. Der wirklich unschlagbare Vorteil gegenüber einem Supermarkt ist allerdings – gerade in einer Stadt, die streng auf die Öffnungszeiten achtet: Hier kann man 23 Stunden am Tag einkaufen! In Berlin oder Köln nichts Außergewöhnliches, in München ein Unikum.

Was den Kiosk im historischen kleinen Häuschen so empfehlenswert für eine Auszeit macht, ist – neben vielen teils kuriosen Artikeln und eben den unschlagbaren Ladenzeiten – vor allem auch die Lage: Von der nahen Isar ist es nur ein Katzensprung, genauso wie vom szenigen Glockenbachviertel. Und dann die Kundschaft: Vom Banker über den Obdachlosen zum Normalo, bis hin zu Hipstern und Familienvätern, hier trifft sich wirklich jedermann, auch wenn jede Klientel offenbar ihre eigene Uhrzeit hat. Was auch immer man sich gerade am Kiosk gekauft hat: An den Treppen der Reichenbachbrücke – Bindeglied zwischen Isarvorstadt und Au – kann man einfach wunderbar Leute beobachten.

Kiosk Reichenbachbrücke · tägl. 6–5 Uhr · Fraunhoferstr. 46 · 80469 München · Tel. 089/201 52 97 · www.kiosk-muenchen.de · U-Bahn Fraunhoferstraße

Rosengarten an der Isar:
Baden im Blumenmeer

Ein Geheimtipp ist er vielleicht nicht mehr, aber dennoch ist der Rosengarten in den Isarauen eine grüne Oase abseits vom Trubel am Fluss. Hier gibt es zwischen Blumenrabatten, Fliederbüschen und Wiesen mit Obstbäumen auch an sonnigen Tagen immer noch ein ruhiges Plätzchen.

Mehrere Tausend Rosenstöcke von etwa 200 verschiedenen Sorten blühen in diesem kleinen Park, einfache Beetrosen sind dabei ebenso vertreten wie Edelrosen und preisgekrönte Unikate. Kleine Täfelchen verraten die klingenden Namen der duftenden Schönheiten – Madame Anisette, Gräfin Diana oder Florentina. Der zauberhafte Rosengarten ist Teil der Städtischen Baumschule Bischweiler, die hier seit mehr als hundert Jahren beheimatet ist. Eigentlich werden hier die vielen Rosen gezogen und getestet, mit denen das Baureferat die zahlreichen städtischen Grünanlagen bepflanzt. Wie schön, dass dieser kleine botanische Garten auch Naturliebhabern und Erholungsuchenden offen steht. Viele entdecken ihn eher zufällig beim Spaziergang an der Isar, wo ein schlichtes Schild auf den Rosengarten hinweist; einen Zugang gibt es aber auch von der Sachsenstraße aus.

Zwischen den Blumen warten schattige Bänke, Stühle und mehrere Liegewiesen – eine davon direkt am Freibadbächl vom nahen Schyrenbad. Hier tummeln sich bei schönem Wetter viele Kinder, aber sonst ist es im Park meist herrlich ruhig. Bienen summen, Vögel zwitschern, und gelegentlich rumpelt auf der Eisenbahnbrücke ein Zug vorbei. Zu entdecken gibt es immer etwas. Je nach Jahreszeit blühen ganz unterschiedliche Pflanzen – von der Magnolienblüte im April über Flieder und Pfingstrosen im Mai bis zur üppigen Rosenpracht im Sommer. Es gibt Beete mit Gemüse und Kräutern, einen lehrreichen Garten mit giftigen Pflanzen und sogar einen Tastgarten für Blinde – Anfassen ausdrücklich erlaubt beziehungsweise erwünscht. Ein Highlight ist auch der Duftgarten, wo man im Geruch von Jasmin, Wildrosen und Zitrusfrüchten schwelgen kann. Egal, wo man geht – hier spaziert man immer durch ein Blumenmeer.

Städtische Baumschule Bischweiler · Mo–Fr 7–21, Sa, So 9–18 Uhr (Okt.–März nur bis 18 Uhr) · Sachsenstr. 2 · 81543 München · U-Bahn Kolumbusplatz · Tel. 089/62 17 14 42

Testgelände der anderen Art: Im Rosengarten in der Au züchtet das Baureferat alles, was später in den städtischen Parks grünt und blüht.

Hier macht sich München fit — nicht nur für die Isar, sondern auch an der Isar.

Sportparcours:
Fit an der frischen Luft

Die Trimm-dich-Bewegung, die durch die Olympischen Spiele 1972 einen regelrechten Boom erlebte, wurde vom Deutschen Sportbund initiiert, um den Wohlstandsspeck und das gestiegene Herzinfarktrisiko zu reduzieren. Heute werden nicht nur ihr Geist, sondern auch die alten Trimm-dich-Pfade wiederbelebt.

Unter dem Motto »fit, free, fun, function« hat die Stadt gemeinsam mit der TU München Fitnessparcours entwickelt. Das neue Konzept, das die Kernidee des früheren Trimm-dich-Pfades aufgreift, soll alle Generationen und alle Fitnesslevel einbeziehen. Kostenlos, im Freien und rund um die Uhr kann man an 18 verschiedenen Parcours, die im ganzen Stadtgebiet verteilt liegen, ein ganzheitliches Training absolvieren. In einem aufeinander abgestimmten System von Geräten kombiniert das Training optimal die einzelnen Aspekte von Dauerlauf, Turnen, Gymnastik und Fitness und ermöglicht so ein zielgerichtetes, effektives Training von Kraft, Beweglichkeit, Koordination und Ausdauer.

Wer sich beim Training so richtig verausgabt hat, springt danach zur Abkühlung einfach am Flaucher in die Isar – mehr Outdoor-Spaß geht kaum!

Der Parcours in den Isarauen, nördlich der Brudermühlbrücke am idyllischen Entensee, ist besonders schön gelegen und war bei seiner Eröffnung 2001 der erste dieser Art in ganz Deutschland. Er bietet an 25 Stationen eine abwechslungsreiche Mischung aus Kraft- und Geschicklichkeitsübungen. Von der klassischen Klimmzugstange über Bauchtrainer, Arm-Dip-Station, Bocksprung-Übungen und Stufenturm findet man alles, was man braucht, um sich fit zu machen. Neben den einzelnen Stationen geben Tafeln übersichtlich und leicht verständlich Trainingsanleitungen und Hinweise zu den unterschiedlichen Schwierigkeitsstufen. Das macht ein sehr individuelles Trainieren möglich, das sowohl für Anfänger geeignet als auch für Könner herausfordernd ist. Dabei werden beim Üben im Freien nicht nur Körper und Geist trainiert, sondern, und das ist wohl der wichtigste Aspekt, auch der Spaß am Sport und an der Bewegung wird gefördert.

4Fcircle, Fitnessparcours · Isarauen, nördlich Brudermühlbrücke · U-Bahn Candidplatz, Bus 54 Gerhardstraße

Flaucher: Des Münchners liebstes Naherholungsgebiet

Das Lied »Isarflimmern« ist eine Liebeserklärung vom selbsternannten »Isarindianer« Willy Michl an Münchens Lebensader. Am Flaucher, im Süden der Stadt, ist der Fluss mit am schönsten. Wer einmal hier war, versteht, warum Michl ihn als das Paradies bezeichnet.

München ist die einzige Millionenstadt, durch die ein Wildfluss rauscht. Außerordentlich schön und ursprünglich ist der Flaucher, jener Abschnitt der Isar, der sich von der Brüdermühlbrücke über den Tierpark bis zur südlichen Stadtgrenze erstreckt. Hier ist die Isar besonders verzweigt, es gibt viele Inseln, und die große Stufe, über die auch der Flauchersteg führt, bildet tiefe Bassins. Auch das Grillen ist hier erlaubt. Gerade im Sommer nutzen diesen Abschnitt daher viele zum gemeinsamen Essen, Baden und Relaxen. Die Stimmung ist locker und entspannt. Wie locker sie ist, beweist – positiv – die legendäre »Nackerten-Insel«. Negativ zeigen das jedoch leider auch die vielen Müllberge, die bei den abendlichen Feiern oft zurückbleiben (siehe Kapitel 94).

Der Flaucher-Biergarten ist nur zu Fuß oder mit dem Rad erreichbar, deshalb herrlich abgeschottet und einer der schönsten Münchens!

Am Flaucher fühlt man sich einfach wie im Urlaub, darum ist er auch ein toller Ort für eine Auszeit. Für eine Spritztour mit dem Fahrrad, eine Runde joggen, Zeitung lesen oder einfach nur, um dem Fluss zuzusehen – und das nicht nur im Sommer! Auch die anderen Jahreszeiten warten mit besonderen Naturschauspielen auf. Wenn im Frühling endlich alles wieder grün wird, die Blätter sich im Herbst bunt und golden verfärben oder im Winter eine Schneeschicht die Wiesen überzieht: Wo sonst die Badegäste liegen, kommt dann eine ganz eigene Atmosphäre auf – und das auch noch mit viel weniger Leuten. Wer aber auch im Sommer Einsamkeit sucht, kommt am besten in den frühen Morgenstunden. Auf dem noch nebligen Flauchersteg den Sonnenaufgang anzusehen, hat fast etwas Magisches.

Flaucher · Isar zwischen Flauchersteg und Braunauer Eisenbahnbrücke (Thalkirchen) · U-Bahn Thalkirchen oder Brudermühlstraße

Flaucher und Abfall: Zeitgemäßes Rama dama

Mit großem Stolz erzählen die Münchner gern von ihrer Isar. Wie toll man sich an ihren Ufern erholen kann, ist längst weit über die Stadtgrenzen hinaus bekannt. Damit das auch so bleibt, kann jeder seinen Beitrag leisten. Wie das aussehen kann? Lesen Sie weiter!

»**Rama dama!**«, rief Oberbürgermeister Thomas Wimmer im Jahr 1949 die Münchner auf. Mehr als 7500 freiwillige Helfer folgten ihm und befreiten die Stadt von ihren Kriegstrümmern. Diese Aktion, so Zeitzeugen, brachte neuen Schwung in die Bevölkerung. Was einst gelang, soll heute wieder klappen. Wenn auch die Müllberge am Flaucher, Münchens riesiger Open-Air-Grillstation, natürlich bei Weitem nicht mit dem damaligen Ausmaß der Verwüstung vergleichbar sind, Handlungsbedarf besteht trotzdem. Und so haben sich Initiativen formiert, um München möglichst lange so schön zu erhalten wie es ist. Was kaum einer weiß: Der Abfallwirtschaftsbetrieb München AWM unterstützt Vereine, Schulen oder Bürgerinitiativen bei Müllsammlungen. Er stellt für angemeldete Aktionen Handschuhe, Müllsäcke und Container zur Verfügung und kümmert sich auch um deren Abtransport. Zusätzlich gibt es einen kleinen Zuschuss zur Brotzeit für die Teilnehmer. Das Angebot nutzt unter anderem der Verein »Die Isarfischer«, bei dessen Aktion jährlich an die 600 Sammler teilnehmen.

Der Verein »Deine Isar« erzeugt mit coolen Clips Aufmerksamkeit, gibt Seminare an Schulen und macht an der Isar Aufklärungsfahrten in Rikschas.

Man kann natürlich bei einer dieser organisierten Touren mitmachen. Aber warum auch nicht mal selbst die Initiative ergreifen und die Ärmel hochkrempeln? Das muss gar nicht aufwendig sein, ewig dauern oder lang geplant werden. Ausgestattet mit einer großen Mülltüte und am besten mit Handschuhen, kann man einfach mal den Flaucher entlanglaufen und so lang Unrat einsammeln, bis der Sack voll ist. Auch wenn es nur eine kleine Geste ist – vielleicht finden Sie Nachahmer! So kann man zum Erhalt der Natur, die man schätzt und liebt, beitragen.

Entlang der gesamten Isar, besonders am Flaucher, aber eigentlich auf allen Grünflächen im Stadtgebiet sinnvoll und möglich.

Am Flaucher ist München so entspannt wie ein Adriastrand ... so cool wie Venice Beach in Kalifornien ...

... und ein Kiesbett gibt es noch dazu: Grillen erlaubt!

Hier gibt's die Beste: Die Weißwurst in der »Großmarkthalle« steht hoch im Kurs.

»Großmarkthalle«:
Audienz beim Weißwurstpapst

Großmarkt – das klingt nach weiter Welt, Unmengen an Gemüse und Obst, raubeinigen Gesellen mit goldenen Herzen. Ist aber auch: unattraktive Zufahrt an der fußgängerunfreundlichen Schäftlarnstraße, Heizkraftwerk gleich gegenüber. Gott sei Dank gibt's da noch eine andere Seite – und die beste Weißwurst.

Etwas unbescheiden ist er ja, der Wirt von der »Gaststätte Großmarkthalle«, wie er sich da auf seiner Website als Weißwurstpapst bezeichnet und verkündet, jeder Münchner wisse, »beim Wallner im Wirtshaus in der Großmarkthalle gibt's die Besten«. Aber der Mann hat natürlich recht. Wer sich eine kleine Pause mit der berühmten Münchner Spezialität samt rescher Breze, süßem Senf und einem Glaserl kühlem Weißbier gönnen will, der geht natürlich nicht in die Altstadt zur angeblichen Geburtsstätte der Weißwurst, sondern fährt zum Großmarkt; brav vor dem Zwölf-Uhr-Läuten, versteht sich: so viel Tradition muss schon sein.

Eigentlich ist das ja unlogisch: Die beste Wurst sollte es doch im Schlachthof geben, oder brauchen die Gemüsehändler einen Ausgleich zu all ihrem Weißkohl, den gelben Rüben und Zucchini? Um das herauszufinden, muss man sich schon selbst auf den Weg machen. Während die geschäftliche Seite der Großmarkthalle, zur Isar hin, mit ihrem Industriecharakter den Einzelkunden abschrecken soll, ist nach Westen, wo irgendwie fast alle Straßen Thalkirchner heißen, bestes Sendling angesagt: kleine Geschäfte, Büro-Lofts in ehemaligen Lagerhäusern. Natürlich ist hier die Münchner Tafel zu Hause, und eben: der Wallner.

Und der stellt seine Weißwürste noch selbst her, frühmorgens, im Keller seines Lokals ist die Metzgerei. Das gibt es fast nirgends mehr so. Weil aber frisch am besten schmeckt, ist die gar nicht so kleine Bierhalle eben ein gar nicht so geheimer Tipp. Das Rezept stammt vom Großvater, und der Vater hatte das Lokal in den 1960er-Jahren schon gepachtet. So viel Tradition und Qualität zieht natürlich auch Promis an – Fußballer des FC Bayern sieht man gelegentlich, und wenn der Verein spielt, nimmt der Wallner es mit der Zwölf-Uhr-Regel auch nicht so genau.

»**Gaststätte Grossmarkthalle**« · Mo–Fr 7–17, Sa 7–13 Uhr · Kochelseestr. 13 · 81371 München · Tel. 089/76 45 31 · www.gaststätte-grossmarkthalle.de · U-Bahn Implerstraße

Westpark: Ferner Osten trifft Münchner Westen

Der weitläufige Westpark bringt den Bayern seit den frühen 1980er-Jahren asiatische Architektur und Gartenkultur näher und wurde zum Namensgeber des umliegenden Viertels. Viele Erholungs- und Kulturangebote sorgen dafür, dass der Park bei Jung und Alt eine Renaissance erlebt.

Meditation, Ruhe und innere Einkehr – sofort hat man Bilder von Mönchen, Zen-Gärten oder buddhistischen Tempeln im Kopf. Wer seine innere Balance wiederfinden möchte, ist im Westpark genau richtig. Der Park wurde für die Internationale Gartenbauausstellung 1983 mit verschiedenen Nationengärten angelegt, die die Pflanzenwelt und Gartenkunst unterschiedlicher Länder und Klimazonen repräsentierten. Im Zuge dessen entstand auch das Ostasien-Ensemble am Westsee, das auf Wunsch der Münchner Bevölkerung auch nach der Ausstellung erhalten blieb.

Traditioneller Tanz, Musik und Trachten: Im Mai wird beim Vesakh-Fest Buddhas Geburtstag gefeiert, und der Westpark verwandelt sich kurzzeitig wirklich in Thailand.

Und so kann man auch heute noch eine kurze Auszeit in Asien machen. Besonders der japanische Garten mit seinem Teich, der hölzernen Terrasse, den Felsen und dem stilisierten Teepavillon lädt zur Kontemplation ein. Daneben gibt es den verwunschenen, schön eingewachsenen chinesischen Garten, den imposanten thailändischen Sala mit einer Buddhastatue mitten im Wasser und die aufwendig geschnitzte nepalesische Pagode.

Doch auch sonst hat der Park unglaublich viel zu bieten. Neben anderen gut erhaltenen Themenarealen wie dem Alpinium oder Rosengarten gibt es insgesamt sechs große Abenteuerspielplätze – Wolkenturm, Wasserpark und Riesenrutschen lassen Kinderherzen höherschlagen! Die Erwachsenen können sich im Hopfen- oder Rosen-Biergarten stärken, nachdem sie am kostenlosen Gymnastikprogramm der Stadt teilgenommen haben. Seit 1995 findet auf der Freilichtbühne neben den asiatischen Gärten jährlich das beliebte »Sonne, Mond und Sterne«-Freiluftkino statt. Es hat maßgeblich zur Wiederbelebung des vollkommen zu Unrecht in Vergessenheit geratenen Parks beigetragen.

Westpark · die asiatischen Gärten liegen östlich des Westsees ·
Eingang Westendstraße, Lermooser Weg · U-Bahn Westpark

Im Westpark blüht asiatische Kultur neben preisgekrönten, farbenprächtigen Rosen.

Auf Ihrer Anhöhe wacht die Patronin Bayerns über ihre Münchner.

Bavaria:
Die Erhabene

Wer sich schon immer mal im Kopf eines anderen zu sein gewünscht hat, kann sich diesen Traum an der Theresienwiese erfüllen. Genauer gesagt: Man kann in den Kopf Bayerns steigen – denn die Bavaria ist die Verkörperung des Freistaates – und von hier die Landeshauptstadt überblicken.

Eine steile und enge Wendeltreppe führt in 60 Stufen durch den Sockel und hohlen Körper bis in den Kopf eines der markantesten Wahrzeichen Münchens. Erbaut im Auftrag von König Ludwig I., wurde die Bavaria im Jahr 1850 zum Oktoberfest feierlich eingeweiht. Vorangegangen war eine technische Meisterleistung, was sowohl das Gießen als auch den Transport der fast 90 Tonnen schweren Bronzefigur betrifft. Dabei wurde sogar recycelt, denn die weltliche Patronin Bayerns besteht zum Teil aus türkischen Kanonenkugeln.

Beim jährlichen Starkbieranstich wird der Bavaria eine Stimme gegeben. Dann rechnet sie beim »Derblecken« auf dem Nockherberg mit der bayerischen Politik ab.

Oben angekommen, gibt es sogar ein paar beengte Sitzmöglichkeiten und, natürlich, einen sensationellen Blick über München. In etwa 40 Metern Höhe, die sich aus 18 Meter Körper, knapp 9 Metern Sockel und der Anhöhe zusammensetzen, schaut man zwar genau genommen aus der Stirn, fühlt sich aber, als würde man mit den erhabenen Augen der Bavaria auf die Stadt hinabblicken. Besonders viel zu sehen gibt es natürlich während des Oktoberfestes, aber der Aufstieg lohnt sich das ganze Jahr über!

Umrahmt wird die Statue von der Ruhmeshalle. Sie wurde zu Ehren verschiedener Persönlichkeiten, die sich um Bayern verdient gemacht haben, erbaut. Zur Eröffnung standen hier 74 Büsten, die bis heute auf 115 erweitert wurden. Spaß macht es, durch die ehrwürdige Galerie zu schlendern und zu raten, wen man erkennt, ohne die Tafeln zu lesen. Finden Sie den Komponisten Carl Orff, den Schriftsteller Ludwig Thoma oder Widerstandskämpfer Stauffenberg? Wer noch Zeit hat, kann sich auf die Stufen setzen, den vielen Skatern, Joggern und Radfahrern auf der Theresienwiese zuschauen und vom baldigen Oktoberfest träumen.

Bavaria · April bis Mitte Okt. 9–18, während der Wiesn 9–20 Uhr · Theresienhöhe 16 · 80339 München · U-Bahn Schwanthalerhöhe

»Café Marais«:
Kuriositätenkabinett

Im Pariser Stadtviertel Marais mischen sich der Charme vergangener Tage und moderne Boheme zu einem lässigen, bunten Mix. Genau diese charmante Atmosphäre prägt auch das zauberhafte gleichnamige Café im Münchner Westend.

Hier fühlen sich besonders Menschen mit Flohmarkt-Faible wohl. Man sitzt an alten Tischen und Stühlen, von denen kaum einer dem anderen gleicht, und blickt staunend auf die original 20er-Jahre-Ladeneinrichtung aus dunklem Holz, die bis zur Decke mit allerlei nützlichen oder auch nur hübschen Dingen gefüllt ist. Zwischen Regalen, Körben und Vitrinen voller Schmuck, Textilien, Trödel und schön verpackten Leckereien fühlt man sich wie in einem Tante-Emma-Laden von anno dazumal. Kein Wunder: Das Café ist nämlich in einem ehemaligen Kurzwarenladen untergebracht, in dem die Zeit stehen geblieben zu sein scheint. Der Eindruck aber trügt: Denn so bunt zusammengewürfelt das Sammelsurium an Waren auch auf den ersten Blick ist, so wurde es hier doch behutsam und mit Liebe zum Detail arrangiert. Perfekt, um einen Kaffee zu trinken und ganz nebenbei ein kleines Geschenk für die beste Freundin auszusuchen.

Die Karte ist ebenfalls klein, aber fein, und viele Stammgäste streben erst mal schnurstracks zur gut gefüllten Kuchenvitrine, um die Spezialitäten des Tages in Augenschein zu nehmen. Blaubeer-Sauerrahm-Kuchen, Rhabarber-Baiser oder ein besonders schokoladiger Gâteau au chocolat – alles schmeckt köstlich und im kuscheligen Wohnzimmer-Ambiente natürlich gleich noch mal so gut. Die besten und begehrtesten Plätze sind übrigens die in den Schaufenstern, wo man als lebende Auslage gleich selbst Teil dieses Gesamtkunstwerks wird. Am Wochenende ist das »Marais« eigentlich immer rappelvoll, darum empfiehlt sich ein Besuch unter der Woche, wenn es deutlich ruhiger zugeht. Und wer sich vom gemütlichen Stuhl nicht trennen kann oder wem es ein alter Nähmaschinentisch angetan hat, schaut genauer hin, ob da nicht vielleicht ein dezentes Preisschildchen dranhängt.

»Café Marais« · Di–Sa 8–20, So 10–18 Uhr · Parkstr. 2 · 80339 München · Tel. 089/50 09 45 52 · www.cafe-marais.de · U-Bahn Schwanthalerhöhe

Sehenswertes vor und hinter den Scheiben – Teil des Gesamtkunstwerks »Marais«

»Domori«: »Eiskalation« am Baldeplatz

Für eine kleine Eis-Zeit sollte man den Weg zum Baldeplatz auf sich nehmen. Ob Klassiker wie Vanille oder ausgefallenere Sorten wie Whiskey oder Joghurt-Gurke-Dill, hier wird jeder Geschmack bedient. Dass nur beste Zutaten verwendet werden und auf Farb- und Konservierungsstoffe verzichtet wird, schmeckt man sofort. Insgesamt gibt es an die 300 Sorten, 20 davon pro Tag – ein Besuch lohnt sich also immer wieder! Wen die Qual der Wahl plagt, bestellt noch eine Sorte »zum Probieren«. Und wer tiefer in die Handwerkskunst einsteigen will, erfährt, warum man diese besonders beim Zitroneneis erkennt. Am schönsten genießt man dann das Eis auf der Wittelsbacherbrücke gleich um die Ecke.

»Domori« · März–Sept. Di–So 11–20 Uhr · Kapuzinerstr. 43 · 80469 München · Tel. 089/28 80 33 47 · www.domori-eis.de · Bus 58 Baldeplatz

»Palau-Bar«: Barcelona mitten in München

Champagneria im Glockenbachviertel? Klingt ziemlich nach Schicki-micki. Doch wer schon einmal in Barcelona war, weiß, dass dies auch herrlich unaufgeregt funktionieren kann. Hier ist es heiß, laut und so eng, dass man auch mal Probleme hat, das Glas an den Mund zu bekommen. Aber genau das macht den Reiz aus. Die Stimmung ist großartig, was nicht zuletzt daran liegt, dass der Cava, der »spanische Champagner«, in rauen Mengen fließt – bei knappen 20 Euro die Flasche ist das nicht verwunderlich. Dazu gibt es klassische Tapas wie Datteln in Speck, Tortilla oder Bocadillos. Wer sich nichts aus Cava macht, trinkt einfach eines der Craft-Biere. Auch lecker!

»Palau Grill+Bar« · Bar« · tägl. 11.30–14.30, 17–23.30 Uhr · Thalkirchnerstr. 16 · 80337 München · Tel. 0152/59 58 91 37 · www.palau-grill.bar · U-Bahn Sendlinger Tor

Bis zur Isar überlebt das Eis von »Domori« selten – gleich noch eins kaufen!

Die schönen Blumen sind nicht der einzige Grund, warum der Gärtnerplatz immer rappelvoll ist.

Gärtnerplatz: Des einen Freud, des anderen Leid

Der nur einen Steinwurf von Innenstadt und Viktualienmarkt gelegene Gärtnerplatz zählt zu einem der besonderen Orte, die München zur nördlichsten Stadt Italiens machen. Auch wer nur ein paar Minuten hier verbringt, macht quasi direkt einen kleinen Ausflug gen Süden und erlebt Lebensfreude pur.

Wenn die ersten Sonnenstrahlen und warmen Temperaturen die ganze Stadt auf die Straße treiben, landen viele Münchner am Gärtnerplatz. Seit Jahren ist der zentral gelegene Platz nicht nur Treffpunkt von Klenze-, Reichenbach- und Corneliusstraße, sondern auch für Familien, Shopper, Mittagspausierende, Zeitungsleser, Kaffee- oder Feierabendbiertrinker. Speis' und Trank findet man dafür direkt am Platz und auch in den umliegenden Straßen genügend, und es ist besonders einfach, sich für ein kleines Picknick auf den Bänken oder Grasflächen rund um den Brunnen einzudecken. Aber auch die Terrassenplätze vom französischen »Cotidiano« (sündhaftes Pain au chocolat) oder italienischen »Del Fiore« (ausgezeichnetes Eis) sind ein Garant für ein paar schöne Minuten. Man sitzt einfach wunderbar an diesem spätklassizistischen Platz, der auf der Südseite vom Gärtnerplatztheater gekrönt und durch zwei Stelenbüsten von Leo von Klenze und Friedrich von Gärtner eingerahmt wird. Die Blumenbeete, die selbst in Blütenform um den Brunnen angeordnet sind, werden mehrmals im Jahr aufwendig neu bepflanzt und sind die reinste Augenweide.

An warmen Sommerabenden mutiert der optisch eher strenge Platz dann zur Partyzone. Und an den Wochenenden feiern hier Hunderte junger Menschen. Dass dabei oft Scherben, Müll und Lärm entstehen, ist für viele Anwohner ärgerlich. Die Stadt reagierte mit sogenannten Silencern, die zwischen genervten Anwohnern und fröhlichem Partyvolk vermitteln sollen. Die meisten kommen aber trotzdem oder gerade deswegen immer wieder. Einige davon sind mittlerweile sogar kaum noch hier wegzudenken. So wie Mama Africa, erkennbar an ihrem bunten Turban. Sie sammelt seit Jahren die vielen leeren Flaschen am Gärtnerplatz ein und ist immer für einen Ratsch zu haben.

Gärtnerplatz · 80469 München ·
Bus 52, 152 Gärtnerplatz, U-Bahn Fraunhoferstraße

»Flushing Meadows«: Drink local – stay international

Achtung, leicht zu übersehen! Die Bar des Designhotels »Flushing Meadows« ist nur durch ein kleines Schild an einer unscheinbaren Tür gekennzeichnet. Über den Aufzug geht's dann hoch in den vierten Stock, wo eine besondere Cocktailkarte im stylischen Ambiente wartet. »Local Darlings« sollen sowohl Einheimischen, vor allem aber den internationalen Hotelgästen die Münchner Trinkkultur näherbringen. Auf dem großen Balkon, der dank Südausrichtung den ganzen Tag über Sonne hat, schmeckt ein »Wanderlust Sour« aus Münchner Gin, Eiweiß und Enzianlikör besonders gut. Geöffnet ist die Bar schon zum Frühstück, dann ergattert man auch eher einen der begehrten Plätze.

The Flushing Meadows · tägl. 7–2 Uhr (Terrasse bis 22 Uhr) · Fraunhoferstr. 32 · 80469 München · Tel. 089/552 79 17 27 · www.flushingmeadowshotel.com · U-Bahn Fraunhoferstraße

Tushita Teehaus: Abtauchen in die Welt des Tees

Im Tushita Teehaus gibt es an die 150 verschiedene Teesorten. Wer bei so viel Auswahl überfordert ist, fragt am besten die Besitzerin um Rat, die alle Länder, aus denen ihre Tees stammen, bereist und ein unglaubliches Wissen angesammelt hat. Zubereitet und serviert werden die Tees dann genau so, wie es in ihren Herkunftsländern Tradition ist. So wird der weiße Tee im Glaskännchen, der Oolong aber im Tonkännchen gereicht. Hunger sollte man auch mitbringen: Es gibt köstliche vegane Mittagsgerichte und Kuchen! Wer das Tee-Erlebnis mit nach Hause nehmen will, kann alle Sorten und sämtliches Zubehör wie Kannen, Siebe oder Geschirr auch kaufen.

Tushita Teehaus · Mo–Fr 9–20, Sa 10–20 Uhr · Klenzestr. 53 · 80469 München · Tel. 089/18 97 55 94 · www.tushita.eu · U-Bahn Fraunhoferstraße

In ist, wer drin ist! Im »Flushing Meadows« lockt nicht nur die schöne Aussicht.
Teegenuss, um den Lärm der Welt zu vergessen – besonders schön im Tushita

Im »Vintage Love« schlagen Fashionista-Herzen höher.

»Vintage Love«:
Aus Liebe zum Besonderen

Nur einen Steinwurf vom Viktualienmarkt entfernt, kann man in dieser extravaganten Boutique in modisch längst vergangenen Zeiten schwelgen. Wer nach einem besonderen Outfit sucht, wird hier garantiert fündig und kann sicher sein, dass er etwas trägt, was garantiert kein anderer hat!

Wer ein Faible für Mode aus früheren Jahrzehnten besitzt, ist bei »Vintage Love« an der richtigen Adresse. Besitzerin Inge Grandl hatte nach jahrelanger Sammelleidenschaft einfach keinen Platz mehr für neue Stücke und machte so kurzerhand ihr Hobby zum Beruf. In der Frauenstraße verkauft und verleiht sie nun ihre Schätze. Sie fand und findet sie auf der ganzen Welt, besonders New York, London und Amsterdam stehen dabei ganz oben auf der Liste. Mit hohen Qualitätsansprüchen und einem Blick für Zeitloses beweist Grandl, dass Vintage eben nicht dasselbe ist wie Secondhand. Der Begriff, der aus dem Weinjargon entliehen ist, bedeutet wörtlich Auslese, und für die Besitzerin bedeutet Vintage Love einfach: die Liebe zum Auserlesenen. Spezialisiert ist der Laden auf Abend- und Cocktailmode der 40er- bis 70er-Jahre, die farblich sortiert an der Stange hängt und so einen wunderschönen Regenbogen bildet. Vom Chanel-Kostüm zum Leoparden-Einteiler und vom Paillettenkleid bis hin zur Biker-Lederjacke kann man einfach nur staunen und findet garantiert ein Teil, das zu einem passt. Ergänzt wird das Sortiment durch eine große Auswahl an Schuhen und Taschen sowie wunderbar glitzerndem Modeschmuck. Rechtzeitig zur Wiesn kommt jedes Jahr eine große Trachtenauswahl dazu. Perfekt für alle, die nicht im Standarddirndl auftreten wollen.

Wer seinen Kauf ausführen will, kann das beispielsweise bei der Burlesque-Show »Velvet Voyage« in der »Drehleiher«, die seit Jahren Liebhaber vergangener Zeiten anlockt.

Bei einer kleinen Zeitreise kann man überlegen, wem die Kleider wohl mal gehört haben oder zu welchen Anlässen sie getragen wurden. Eine außergewöhnliche Shopping-Auszeit, bei der man männlichen Anhang am besten gleich zu Hause lässt. Das Sortiment ist eh nur für Damen.

»Vintage Love« · Mo–Fr 13–19, Sa 13–18 Uhr · Frauenstr. 22 · 80469 München · Tel. 089/25 54 22 07 · www.vintageandmore.de · S-Bahn Isartor

Fahrzeug-Sharing: Leih's dir einfach!

Sie wollten schon immer mal mit dem Cabrio die Leopoldstraße entlangfahren oder mit dem Roller durch die City düsen? Warum nicht einfach mal machen? Dabei sieht man die Stadt, die man scheinbar aus dem Effeff kennt, auch mit ganz anderen Augen.

Für eine Spritztour mit dem Cabrio musste man früher lange sparen oder umständliche Leihprozeduren über sich ergehen lassen, um dann für mindestens einen Tag das Gefährt seiner Wahl nutzen zu können. Zum Glück gibt es heute Sharing-Unternehmen, die ein spontanes und kurzzeitiges Fahren möglich machen. Einmal angemeldet, braucht man üblicherweise nur seine Chipkarte an die Windschutzscheibe zu halten, und los geht's. Abgerechnet wird im Minutentakt. Dazu fallen keine weiteren Kosten an: Benzin, Versicherung, Parken, Steuer – alles inklusive. Im Fall von Rollern warten sogar Helme unter der Sitzbank. Unkomplizierter geht es kaum – perfekt für die nächste motorisierte kleine Auszeit – denn in einer knappen Stunde kann man bereits einige tolle Orte, die in diesem Buch genannt werden, »abfahren«.

Je nach Tageszeit und Ziel eignen sich dafür unterschiedliche Fahrzeuge. Während man sich in den Stoßzeiten morgens und nachmittags wunderbar mit dem Roller durch den Verkehr schlängeln kann, werden diese Stunden im Auto eher zur Tortur. Dafür kann man beispielsweise zur Mittagszeit zum Picknick in den Nordteil des Englischen Gartens fahren, der ohne Auto oft etwas abgelegen scheint (siehe Kapitel 44). Oder man erkundet den Stadtteil Nymphenburg: Startet man am Rotkreuzplatz, kann man von dort am Kanal (Kapitel 71) entlang in den vielen kleinen Seitenstraßen die prachtvollen Altbauten und Villen bestaunen. Wer sich für einen Roller entscheidet, kann dafür wunderbar durch die Innenstadt kurven. Schön ist eine Runde um den Königsplatz (Kapitel 61), von dem aus man weiter an den Pinakotheken (Kapitel 56) vorbei das belebte Univiertel und die schönen Schwabinger Jugendstilhäuser (Kapitel 47) erschließen kann. Gute Fahrt!

Beispielsweise über: Drive Now, www.drive-now.com ·
Scoo me www.scoo.me, car2go, www.car2go.com

NEUE LOSE
NEUES GLÜCK

Mit mehr Gewinnen

Lose VON LOTTO **3 €**

EXTRA GEHALT

6.000 €
66 Monate lang

*CHANCE 1 : 3.000.000

Lose VON LOTTO **5 €**

500.000 €*

BAYERN GLÜCK

* Chance 1 : 2.000.000

300.000 €*
Zweite Chance beim Fernseh-Gewinnspiel

BAYERN LOS

Lose VON LOTTO WIR IN BAYERN **BR** FERNSEHEN

2 €

Chance 1 : 5.000.000

✦ LOTTO®
Bayern

Ihr Spiel in guten Händen.

Der 105,2. Tipp:
Schnitt in allen Kneipen

Was für den Rest der Welt früher mal die Rauchpause war oder die Cocktailstunde und jetzt der Latte macchiato mit weihnachtlichem Zimtaroma oder der Chai Latte frühlingsfrisch … das muss für den Münchner natürlich das schnelle Helle sein – anderswo auch als »Null-zwo« bekannt. Die Münchner Variante verheißt nicht so profane Mengenangaben, sondern den Umstand, dass der Schankwirt das Glasl für die Hoibe ein Mal unter den Zapfhahn hält. Dann setzt sich aus dem Glas voll Schaum tatsächlich ein kleines Bier ab –, meistens sogar ein bisserl mehr. Also: Rein in die nächste Wirtschaft, ein Prosit der Auszeit und der kleinen Pause – und dem Kellner zugeraunt: I kriag bittschön an Schnitt!

Jede vernünftige bayerische Wirtschaft in allen Stadtteilen ·
Mo–So 10–24 Uhr · www.muenchnerbier.de

Münchens schaumigste Auszeit: ein Schnitt vom Münchner Hell

So viel Bier geht immer: Den Schnitt gibt's in jeder guten Münchner Kneipe.

Register

Impressum

Verantwortlich: Claudia Hohdorf
Redaktion: Juliane Braun
Layout: BUCHFLINK Rüdiger Wagner
Umschlaggestaltung: Anna Meta Gottschalk
Kartografie: Kartographie Huber, Heike Block
Repro: Repro Ludwig
Herstellung: Anna Katavic
Printed in Italy by Printer Trento

★ ★ ★ ★ ★

Sind Sie mit diesem Titel zufrieden? Dann würden wir uns über Ihre Weiterempfehlung
freuen. Erzählen Sie es im Freundeskreis, berichten Sie Ihrem Buchhändler, oder bewerten
Sie bei Onlinekauf. Und wenn Sie Kritik, Korrekturen, Aktualisierungen haben, freuen wir
uns über Ihre Nachricht an Bucher Verlag, Postfach 40 02 09, D-80702 München oder per
E-Mail an lektorat@verlagshaus.de.

Unser komplettes Programm finden Sie unter  www.bruckmann.de

Alle Angaben dieses Werkes wurden von den Autoren sorgfältig recherchiert und auf den
neuesten Stand gebracht sowie vom Verlag geprüft. Für die Richtigkeit der Angaben kann
jedoch keine Haftung übernommen werden, weshalb die Nutzung auf eigene Gefahr erfolgt.
Insbesondere bei GPS-Daten können Abweichungen nicht ausgeschlossen werden.

Bildnachweis:
Alle Aufnahmen des Innenteils und des Umschlags stammen von Franz Marc Frei, außer:
Ballabeni: Umschlagrückseite Mitte, S. 101; Café Reitschule/Bernhard Rauscher: S. 76; Claudia
Hellmann: S. 16 u., 49 u., 80, 117, 133 o., 134, 159, 160, 179; Hotel Bayerischer Hof: S. 49 o.;
Mathilden Hamam: S. 69; mauritius images/Paul Mayall Germany Alamy: S. 65; picture
alliance/dpa: S. 35 o.; Premium float Schwabing: S. 73 u., picture alliance/Sueddeutsche Zeitung
Photo: S. 164, 183, 188; Tushita Teehaus/Marc Winkel: S. 183
Umschlagvorderseite: Im Englischen Garten vor dem Monopteros
Umschlagrückseite v.l.n.r.: Im Hofbräuhaus Biergarten/Eiscreation von Ballabeni/Auf der
Gerner Brücke über den Nymphenburger Schlossgartenkanal

Die Deutsche Nationalbibliothek verzeichnet diese Publikation in der Deutschen National-
bibliografie; detaillierte bibliografische Daten sind im Internet über http://dnb.d-nb.de abrufbar.

2016 © Bruckmann Verlag GmbH, Munchen
ISBN 978-3-86246-564-4